두 번째
기회를 위한 **변론**

두 번째
기회를 위한 변론

왕미양 변호사 에세이

SAY KOREA

〔 추 천 의 글 〕

궂은 일, 좋은 일 가리지 않고 앞장섰던 왕미양 변호사. '왕변'이라는 별칭은 그의 성을 딴 것이기도 하지만, '으뜸'이라는 의미를 담은 것이기도 하다. 그런 그가 눈으로 보고, 머리로 생각하고, 가슴으로 느낀 것을 이 책에 담았다. 어려움을 겪었거나 현재 어려움에 처해 있는 분들의 삶에 두 번째 기회를 가져다주는 것은 물론이고 삶의 길잡이가 될 것이라 믿는다.

이진강 (변호사, 인촌기념회 이사장, 전 대한변호사협회 협회장)

법은 사람을 위한 것이라는 진실을 왕미양 변호사는 꿋꿋하게 증명해 왔다. 이 책은 그 오랜 실천의 기록으로, 우리 주변의 삶을 다시 바라보게 하는 힘이 있다.

조순열 (변호사, 서울지방변호사회 회장)

현실은 복잡하고 제도는 차갑지만, 사람을 잃지 않는 법조인을 만나면 희망이 보인다. 이 책은 묵묵히 그런 길을 걸어온 왕미양 변호사의 발걸음을 고스란히 담고 있다.

양소영 (변호사, 법무법인 숭인 대표변호사)

법은 사람을 살리기 위해 존재한다는 믿음을 왕미양 변호사는 특유의 따스함으로 품어왔다. 이 책은 사람을 포기하지 않는 그 아름다운 마음에 대한 생생한 기록이다.

서혜진 (변호사, 『법정 밖의 이름들』 저자)

[프롤로그]

법이 누군가에게 희망이 될 수 있다면

　가족들은 내가 오지랖이 지나치다고 말하며 늘 불만을 표한다. 내가 늘 이런저런 모임에 초대를 받으면 거절하지 않고 어떻게 해서든 참석하려 하기 때문이다. 나는 '내 인생에 no는 없다'라는 신념을 가지고 지금까지 살고 있다. 시간이 지나 나이가 들면서 예전보다는 조금 더 신중해졌을지 모르지만, 여전히 새로운 사람이나 기회를 거부하지 않으려고 한다.

　그래서였을까. 2000년에 변호사로 법조계에 첫 발을 내디딘 후 참 다양한 사람들을 만났고 한 번도 보지 못했던 새로운 세상을 경험할 수 있었다. 처음에는 거창한 의미나 계획 없이 시작한 일도 나중에는 인생의 중요한 부분을 차지하기도 했다. 특히 파산자의 재산을 관리하기 위해 법원이 선임하는 파산관재인이라는 역할로 13년이라는 긴 시간

동안 해온 일이 그렇다. 처음에는 안정적인 활동 기반을 마련하려는 마음에서 시작했지만, 2,400여 명의 채무자를 만나 가지각색의 사연을 들으면서 법은 결국 사람을 위한 것이라는, 변호사 활동 초기에 가졌던 다짐을 되새기게 되었다. 이 책에는 주로 이때의 경험과 그때 느꼈던 소회들을 담았다. 법조인으로서 마음 깊은 곳에 품게 된 나름의 신념은 이때의 경험에 기댄 바가 크기 때문이다.

성남여성의전화 간판을 본 후 제 발로 찾아가 시작한 활동이 그 시작이었을지도 모르겠다. 무료 상담부터 다양한 활동으로 연결되면서 여성과 아동 등 우리의 시선이 닿지 않는 곳에 가려져 있던 사회적 약자들이 보이기 시작했다. 시골에서 나고 자라 지방대를 졸업한 여성 변호사인 나는 당시 법조계에서 찾아보기 힘든, 이른바 '3중 비주류'였다. 그랬기에 그들이 보였던 것은 아닐까 생각한다. 내게 그들을 볼 수 있는 눈이 있다는 것은 축복이다.

변호사라는 직업은 때로 차갑고 메마른 것처럼 보이지만, 오랜 시간 이 일을 하면서 확신하게 된 것은 법도 결국 사람을 위한 것이라는 점이다. 법조문 한 줄 한 줄 뒤에는 한 사람의 인생이 통째로 걸려 있다. 지금껏 만난 사람들은 모두 각자의 사연과 아픔을 가진 인간이었다. 그들 중에는 한때 큰 성공을 거두었던 연예인도, 국가를 위해 헌신했던 공무원도, 평생 성실하게 살아온 노동자도 있었다. 그렇게 누군가의 삶에 두 번째 기회가 열릴 수 있기를 바라며 매 순간 최선을 다했던 기록을 정리해본다.

사실 나는 한 번도 책을 쓸 생각을 하지 않았다. 나의 경험과 생각을 세상과 공유해야 한다는 양소영 변호사님의 권유와 응원이 없었다면 이 책은 세상에 나오지 못했을 것이다. 양 변호사님께 이 자리를 빌려 깊이 감사드린다.

이 책을 읽게 될 누군가에게 꼭 말하고 싶은 것이 있다. 세상에는 당신을 이해하고 도우려는 사람이 있다는 것을. 아무리 어렵고 끝이라 생각하더라도 다시금 기회가 주어진다는 것을. 그리고 가장 중요한 것은 당신은 결코 혼자가 아니라는 것이다.

부디 이 책이 누군가에게 작은 위로와 희망이 되기를 바란다.

왕미양

차례

7   **프롤로그** 법이 누군가에게 희망이 될 수 있다면

1장   오징어 게임 초대장을 기다리는 사람들

17   • 이들에게 돌을 던지기 전에
22   • 스포트라이트와 환호성 뒤에서
31   • 거짓말, 거짓말, 거짓말
43   • 깨물어 안 아픈 손가락 없다
52   • 파산, 남 얘기인 줄 알았는데
62   • 진실만을 말해주세요
73   • 황혼에 만난 사랑의 대가

2장　두 번째 기회를 위한 변론

- 85　· 숫자에 가려진 사연들
- 90　· 가족이라는 버팀목 혹은 족쇄
- 99　· 보이는 것이 전부는 아니다
- 106　· 삼모작 인생의 무게
- 115　· 인생에서 도망치지 않은 이유
- 121　· 누가 알았을까, 세상이 이렇게 변할 거라고
- 130　· 할 일을 했을 뿐인데
- 138　· 한마디 말의 무게

3장　나는 그들에게 어떤 변호사였을까

- 149　· 36년 무임금 노동의 대가
- 158　· 끝에서의 시작
- 170　· 국내 첫 사건의 변호사
- 178　· 그의 말을 어디까지 믿어야 할까
- 186　· 그럼에도 삶은 계속된다
- 195　· 가장 좋은 친구가 될 거예요

4장 법 만지는 사람이 돼야 혀

207 • 엄마, 나 크면 뭐 할까?
215 • 꿈을 꾼 소녀, 길을 열다
222 • 3중 비주류, 그래서 뭐

232 **에필로그** 그럼에도 불구하고 희망을 말하는 이유

235 **부록** 살면서 한번쯤 법의 도움이 필요할 때
    개인파산 및 면책과 개인회생
    개인파산 및 면책 관련 무료 상담을 받을 수 있는 곳
    개인파산 및 면책 관련 용어 설명
    Q&A로 알아보는 개인파산 및 면책

이 책에 담긴 이야기들은
모두 실제로 내가 만난 사람들의 사연이다.
이름과 세부 사항은 바꾸었지만,
그들의 아픔과 희망은 그대로 담았다.

1장

오징어 게임
초대장을 기다리는 사람들

이들에게
돌을 던지기 전에

"빌린 돈은 당연히 갚아야 하는 것 아닌가요?"

파산관재인으로 일한다고 했을 때 주변 사람들로부터 자주 듣게 되는 질문이다. 물론 틀린 말이 아니다. 빚을 지고도 갚을 여력이 있는 사람들이 제도를 악용하는 사례가 전혀 없지는 않다. 하지만 내가 경험한 현실은 달랐다. 지난 13년간 만난 대부분의 채무자들은 마지막까지 최선을 다해 할 수 있는 모든 노력을 다했고, 또 버티고 버티다 결국 무너져버린 사람들이 대부분이었다.

우리는 파산에 대해 너무도 많은 오해를 하고 있다. 파산한 사람은 게으르거나 무책임한 사람이라고 여기는 것이 대표적이다. 그리고 돈을 함부로 쓰고 계획성 없이 살았을 것이라고 단정한다. 그래서 파산은 스스로 자초한 일이기에 비난을 받고 대가를 치르는 것이 마땅하다고 여긴다.

한때 수많은 사람들에게 기쁨을 선사했던 연예인, 국가를 위해 헌신했던 공무원, 평생 성실하게 일한 노동자, 가족을 위해 자신을 아끼지 않았던 가장. 이들은 정말 게으르고 무책임한 사람들이었을까. 이들은 단순히 책임을 면하기 위해 파산 신청을 결심했을까. 결코 그렇지 않다. 이들은 누구보다 절망스러운 상황에서 마지막 희망의 끈을 잡으려 애쓰다 나에게 왔다.

* * *

넷플릭스 드라마 〈오징어 게임〉에 등장하는 참가자들을 보면 많은 경우 빚의 무게에 허덕이다 마지막 반전의 기회를 잡고자 위험한 게임에 참여한다. 사업 부도, 투자 실패, 사채 이자에 짓눌려 벼랑 끝에 몰린 사람들. 게임에 참여하는 그들에게 주어진 선택지는 이것뿐이다. 죽느냐, 아니면 사느냐.

파산관재인으로 일하면서 이 드라마 속 참가자들과 너무도 닮은 사람들을 수없이 만났다. 그들은 허구 속 인물이 아니라 우리의 이웃이자 친구, 가족이었다. 빚은 사람을 극한까지 몰아넣는다. 수십 번의 채권자 독촉 전화, 가족에게조차 숨기고 싶은 수치스러운 모습은 결국 삶을 포기하고 싶어지는 순간까지 다다르게 한다. 그러나 파산은 결코 실패나 패배가 아니다. 다시 시작할 수 있는 기회이다.

파산 신청자들이 가장 두려워하는 것은 사회적 낙인이다. 특히 사회적 지위가 높았던 사람들일수록 이 두려움은 더 크다. "파산한 사람"이라는 꼬리표가 붙으면 더 이상 예전의 자신으로 살 수 없다고 생각한다.

하지만 경제적 실패는 특정한 사람들에게만 일어나는 일이 아니다. 대기업에서 중요한 역할을 했던 임원도, 고소득 전문직의 대표 직군으로 불리는 의사도 파산의 문턱에 설 수 있다. 단 한 번의 잘못된 판단, 예측하지 못했던 갑작스러운 질병, 대외적인 사업 환경의 급격한 변화, 믿었던 사람의 배신. 이런 일들은 누구에게나 일어날 수 있다.

더 어려운 문제는 파산이 반복되는 경우다. 한 번 파산을 겪고도 몇 년 후 다시 같은 상황에 놓이는 사람들을 보면 답답함을 느끼게 된다. 너무도 당연한 반응이다. 그런데 이들 중 상당수는 개인의 의지나 노력 부족보다는 구조적인 문제가 근본적 원인인 경우가 많았다.

파산이 반복되는 이유는 복합적이다. 과거의 실수를 반

복하는 경우도 분명히 있다. 한 번 파산을 겪고도 재정 관리 방법을 익히지 못하면 같은 실수를 반복하기 쉽다. 소비 습관을 고치지 않는다거나, 무리한 투자에 다시 뛰어드는 경우가 그러하다. 파산 기록이 남으면 신용이 제한되고, 제대로 된 직장을 구하는 것이 어려워진다. 정규직 일자리를 구하지 못하고 불안정한 노동 환경에 놓인 사람들은 빚을 내어 생계를 이어가는 경우가 많다. 이들에게 재기란 너무도 어려운 일이 된다. 어쩌면 우리 사회는 한 번 실패한 사람에게 지나치게 가혹한 것은 아닐까.

* * *

이 글을 읽게 될 이들에게 분명히 말하고 싶은 것이 있다. 파산 제도는 단순히 빚을 탕감해주는 제도가 아니다. 절망에 빠진 사람들에게 희망을 주고, 다시 사회의 일원으로 책임감을 갖고 복귀할 수 있는 기회를 제공하는 제도다. 이는 개인을 위한 것이기도 하지만 결국 사회 전체를 위한 것이기도 하다. 파산은 엄격한 법적 절차를 통해 이루어지며, 채무자도 그에 상응하는 책임을 지도록 한다. 다만 그 책임이 평생의 족쇄가 되어서는 안 된다.

한 사람이 절망에 빠져 극단적 선택을 하거나 사회에

서 완전히 격리되는 것보다는 제도적 지원을 통해 다시 일어서서 다시 생산적인 활동을 하는 것이 모두에게 이익이다. 파산 제도는 바로 그런 사회적 안전망의 역할을 한다. 우리는 홀로 살아갈 수 없다. 공동체로 살아간다. 차가운 시선을 조금만 거두고 일어서는 이들의 노력을 지켜봐주는 것은 어떨까.

스포트라이트와
환호성 뒤에서

사전에 제출받은 자료들을 다시 살피며 최윤호 씨를 기다리고 있었다. 한때 인기 그룹의 멤버였던 그가 어떤 사연으로 파산 신청을 하게 되었는지 궁금했다. 엄청난 인기를 누린 연예인이었던 그는 지금 어떤 상황에 처해 있을까.

약속 시간에 맞춰 들어온 그를 보며 기억 속 젊은 시절의 모습과 현재를 비교하게 되었다. 수수한 옷차림과 수척해진 얼굴에서 세월의 무게가 느껴졌다.

"최윤호 님, 안녕하세요. 미리 보내주신 자료는 꼼꼼히 검토했습니다."

"변호사님, 제가 어려운 상황에 처하게 되다 보니 파산 신청을 하게 됐어요. 더 이상 버티기 어렵게 되어서요."

그의 목소리는 담담했지만, 그 안에 담긴 절박함은 숨길 수 없었다.

* * *

최윤호 씨의 이야기는 오래전으로 거슬러 올라간다. 실력 있는 댄서였던 그는 동료와 함께 그룹을 결성했다.

"그때는 연습실에서 새벽까지 춤을 익히고 노래를 부르며 정말 열심히 했어요. 말 그대로 피가 나도록 연습했죠. 첫 번째 앨범을 내고 데뷔했을 때는 세상을 다 가진 기분이었어요."

그룹은 빠르게 인기를 얻었다. 대표곡들이 연달아 히트하며 각종 시상식에서 수상하는 등 성공 가도를 달렸다. 당시는 하루 종일 스케줄이 빽빽했다고 한다. 오전에는 라디오 프로그램 녹음, 오후에는 TV 프로그램 출연, 저녁에는 콘서트나 행사 출연까지 쉴 틈이 없었다. 이동하는 차 안에서 잠깐씩 눈을 붙여야 했고, 시간에 쫓기며 급하게 도시락을 먹는 게 일상이었다.

"정말 바쁘게 살았어요. 매니저가 스케줄표를 보여줄 때마다 놀랐죠. '이걸 언제 다 소화해?'라고 하면서요. 하지만 그때는 그런 바쁨이 좋았어요. 바쁘다는 건 그만큼 사람들이 우리를 찾는다는 뜻이었으니까요."

행사장은 항상 팬들로 가득 찼다. 공연 시작 한참 전부터 줄을 서 기다리는 팬들, 뜨거운 응원과 선물들에 둘러싸인 날들이었다. 그들을 직접 볼 수 있는 기회가 있을 때마다 셀 수 없이 많은 팬들이 줄을 서서 기다렸고, 눈을 맞추며 사인을 해주는 것도 소중한 시간이었다고 했다.

"팬들 한 명 한 명 모두 소중했어요. '오빠, 사랑해요!' 하고 외치는 목소리도, 떨리는 손으로 편지를 건네는 모습도 아직까지 생생해요. 그 순간만큼은 정말 행복했죠."

거리를 걸으면 모든 사람들이 알아보고 손을 흔들어줬다. 가게에 들어서면 웅성거리는 소리가 들렸고, 동경의 눈길로 바라보는 사람들의 시선을 느낄 수 있었다. 그 모든 것이 달콤한 일상이었다.

"무대 위에서 스포트라이트를 받으며 노래할 때면 이 세상에서 가장 행복한 사람이 바로 나라는 생각이 들었어요. 팬들의 환호성에 귀가 먹먹해질 정도였는데, 그 소리가 그렇게 좋을 수가 없었죠."

인기를 유지하기 위해서는 끊임없는 노력이 필요했다. 새 앨범이 나올 때마다 몸매를 관리했고, 새로운 안무를 익히기 위해 연습실에서 밤을 지새웠다.

"정말 치열했어요. 조금이라도 방심하면 금세 다른 동료들에게 밀려날 수 있다는 걸 너무도 잘 알고 있었거든요. 그래서 더 열심히 했죠. 팬들이 실망하지 않도록, 항상 최고의 모습을 보여주려고 노력했어요."

* * *

하지만 화려함은 오래가지 않았다. 최윤호 씨는 얼마 지나지 않아 그룹에서 나와야 했다. 팬들의 큰 사랑이 감사했지만 감당하기 힘든 부담이기도 했고, 때로는 과도했던 스케줄이 몸과 마음을 힘들게 했던 터였다.

"처음엔 일시적인 슬럼프라고 생각했어요. 곧 다시 좋은 곡으로 돌아올 수 있을 거라고 생각했거든요. 하지만 현실은 그렇게 호락호락하지 않더라고요."

그 후로 그는 예상하지 못했던 힘든 시기를 길게 보내야 했다. 화려했던 과거는 마치 거짓말 같았고, 그를 기다리고 있는 건 막막한 현실뿐이었다.

"하루아침에 모든 게 바뀌었어요. 불과 얼마 전까지 수많은 사람들이 나를 알아보고 좋아하는 연예인이었는데 갑자기 평범한 사람이 돼버린 거죠. 뭘 해야 할지, 어떻게 살아야 할지 정말 막막하더라고요."

그의 방황은 몇 년 동안 이어졌다. 솔로로 전향해 히트곡을 남기기도 했고 다른 팀에서 활동하기도 했지만 이전 같지는 않았다.

"한창 심했을 때는 혼자 숨어 지냈어요. 사람들을 만나는 것도 부담스럽고 과거 얘기가 나오는 것도 싫고, 그냥 조용히 살고 싶었죠."

그러던 중 옛 멤버와 의기투합해 새 앨범으로 활동할 수 있는 기회가 왔다.

"정말 기뻤어요. 다시 무대에 설 수 있다는 생각에 가슴이 무척 뛰었죠. 이번에는 정말 무슨 일이 있어도 제대로 해보자고 다짐했어요."

그는 무대에 다시 서게 되면서 마치 데뷔 초로 돌아간 듯 열정을 쏟아부었다. 예전처럼 연습실에서 밤을 지새우며 열정을 불태웠다. 하지만 야속하게도 시간은 냉정했고 예전의 모습과 같지 않았다. 마음은 열정으로 가득했지만 연습을 하다 보면 금세 숨이 찼고 여기저기 아프기도 했다.

"좀 많이 속상했어요. 예전엔 하루 종일 연습을 해도 멀쩡했는데. 마음은 한창인데 조금만 무리를 해도 온몸이 아프더라고요. 거울을 볼 때마다 '아, 내가 벌써 이렇게 늙었구나' 싶었죠."

하지만 포기할 수는 없었다. 이번이 정말 마지막 기회

라는 생각으로 더욱 열심히 했다. 체력이 부족하다 싶으면 운동으로 보충했고, 몸매는 다이어트로 꾸준히 관리했다. 새로운 안무를 익히기 위해 자존심 같은 것은 생각하지 않고 최선을 다했다.

"정말 악착같이 했어요. 예전 실력을 되찾기 위해서, 아니 전보다 더 잘하기 위해서 정말 최선을 다했죠. 이번만큼은 절대 실패할 수 없다는 생각으로."

드디어 컴백 무대에 섰을 때의 감격은 말로 표현할 수 없었다. 물론 예전만큼 큰 무대는 아니었지만, 다시 스포트라이트를 받을 수 있다는 것만으로도 충분했다. 관객들의 눈빛과 뜨거운 열기 속에 자신이 있다는 것을 느끼며 '역시, 나는 다시 해낼 거라 믿었어'라는 생각도 했다.

하지만 기대와 달리 현실은 냉혹했다. 외부 사정 때문에 앨범 활동은 짧게 끝나버렸고 그들은 다시 활동을 중단할 수밖에 없었다.

"정말 어찌해야 하나 싶었어요. 그렇게 열심히 준비했는데, 그렇게 최선을 다했는데. 활동을 중단할 수밖에 없다는 현실 앞에 허탈감이 정말 크게 왔어요."

그룹 활동 중단 후 그는 다른 기회를 잡는가 싶었지만, 준비 과정에서 또 실패하면서 생활고를 겪게 되었다. 재기의 꿈은 또다시 무너졌고 더 깊은 절망에 빠져들었다.

"그 후로는 정말 근근이 버텼어요."

그의 목소리가 작아졌다. 투자를 받아 어렵사리 앨범을 발표하기도 했지만 트렌드의 변화 속에 기대한 만큼 빛을 보지 못했다. 계약금이 제법 되었어도 각종 수수료, 스태프 인건비, 의상 대여 등 이런저런 비용을 빼고 나니 수중에 들어오는 몫은 안타깝게도 얼마 되지 않았다. 그 돈으로 버티기에는 턱없이 부족했던데다 그나마 들어오던 일거리도 끊기면서 빚이 쌓여갔다. 연예계 특성상 나이가 들면서 수요가 줄어든 것이다.

운명은 그에게 또 다른 시련을 안겨줬다. 교통사고로 발을 다쳐 전치 6주 진단을 받고 만 것이다. 춤을 춰야 하는데 발 부상은 치명적이었다.

"정말 하늘이 무너지는 것 같았어요. 이제는 정말로 끝이구나 생각했죠."

활동을 할 수 없어 수입이 완전히 끊기자 빚을 상환하지 못하는 상황까지 내몰리고 말았고, 결국 법원에서 파산 선고를 받았다. 그의 채권자 중에는 예전 동료도 포함되어 있었다. 그러는 과정에서 대인기피증과 공황장애까지 찾아올 만큼 무척 힘든 시기를 겪었다.

* * *

최윤호 씨는 두 번째 상담 때도 이전과 같은 옷을 입고 있었다. 그 모습을 보며 그가 처해 있는 현실의 무게를 조금은 짐작할 수 있었다.

"보증금 몇백인 원룸을 전전하면서 살고 있는데 그것도 유지하기가 힘들어요. 나이를 생각하면 전처럼 활동하는 것도 불가능하고요. 수입원이던 야간 업소 출연도 2년째 연락이 없어요. 정말 막막해요, 변호사님. 어떻게 해야 할지 모르겠어요."

그의 목소리에서 절망감이 느껴졌다. 우리나라에서 그를 모르는 사람이 없을 정도로 큰 인기를 누렸던 스타가 이제는 생계조차 막막한 상황에 처해 있었다. 호소를 들으며 연예계의 현실을 다시 한번 생각하게 되었다. 연예인이라고 하면 으레 화려하고 풍족한 삶을 사는 줄로만 알았는데, 현실은 이렇게까지 가혹할 수도 있구나 싶었다.

"최윤호 님, 그동안 고생이 많으셨습니다. 이제는 다 잘 풀릴 거예요."

비록 예전처럼 화려했던 삶을 다시 누릴수는 없겠지만, 적어도 무거운 짐을 내려놓을 수는 있을 것이다.

상담을 마치고 돌아가는 그의 뒷모습을 보며 여러 생

각이 들었다. 한때 수많은 사람들에게 기쁨과 감동을 선사했었는데 이제는 경제적 어려움으로 고통을 받고 있다니. 인생의 부침이 이렇게 극명할 수도 있구나. 하지만 나는 믿는다. 그가 이 어려운 시기를 잘 견디고, 평온하고 안정된 삶을 되찾을 수 있을 거라고. 때로는 인생의 가장 어두운 순간이 새로운 시작이 되기도 하니까.

'힘내세요. 분명 좋은 날이 올 거예요.'

그 옛날 무대 위에 선 그를 보았을 때보다 더 크고 진심을 담은 응원을 마음속으로 보냈다.

거짓말,
거짓말, 거짓말

　파산관재인으로 일하면서 직접 현장 조사를 나서는 일은 극히 드물다. 채무자의 진술이 거짓임을 확신할 수 있을 때, 그리고 그 증거를 사진 등으로 확보해야 할 때만 움직이기 때문이다. 이번 두 건의 현장 조사는 거짓으로 의심했던 것들이 모두 확인된 경우였다.

　첫 번째 채무자 윤태호 씨는 분명히 "사업을 완전히 정리했다"라고 했었다. 두 번째 채무자 정민수 씨는 "무직이고 재산이 전혀 없다"라고 진술했다. 그런데 막상 현장에 가보니 윤태호 씨는 여전히 자신의 사업장에서 일하고 있었고, 정민수 씨는 "사장님"이라고 불리고 있었다.

사무실 의자에 앉아 두 사건 파일을 펼쳐놓고 바라보니 씁쓸한 웃음이 나왔다. 파산 절차라는 것이 채무자에게 새로운 기회를 주는 제도인데, 정작 당사자들이 그 기회를 스스로 차버리고 있었다.

* * *

윤태호 씨를 처음 만났을 때가 생각났다. 40대 초반의 그는 차분하면서도 진지한 모습이었다. 약간 움츠러든 어깨와 조심스러운 말투에서 그동안 그가 겪었을 어려움이 느껴졌다.

"변호사님, 저는 정말 더 이상 버틸 수가 없어요. 몇 년 전에 사업장을 완전히 정리했습니다. 지금은 정말 아무것도 없어요."

목소리에 절망감이 배어 있었다. 그의 이야기를 들으면서 마음이 무거워졌다. 오랫동안 자동차 정비 일을 차근차근 배우며 성실히 일했고, 집까지 마련했다고 했다. 그 과정이 얼마나 힘들었을까.

"주 거래처였던 차량 판매 영업사원들이 비용을 제대로 안 줘서요. 내비게이션 장착 비용, 선팅 비용 같은 건 일단 외상으로 해주는데, 나중에 정산을 못 받아서 결국 몽땅 빚이 되고 말았어요."

중소사업자들이 흔히 겪을 수 있는 어려움을 들으며 고개를 끄덕였다. 성실하게 일했는데도 받아야 할 돈을 받지 못해 어려움을 겪게 된다면 얼마나 억울할까.

"그래서 아내 명의로 수천만 원을 대출받아서 다른 업체와 위탁 계약을 맺었는데, 매출이 너무 안 나와서 몇 개월 만에 철수했어요. 그때부터 완전히 망한 거죠."

그의 목소리에는 진심 어린 후회가 담겨 있었다. 마지막 희망을 걸고 시도했던 일이 오히려 더 큰 빚만 안겨준 것이다. 아내도 얼마 전에 개인파산을 신청해 면책을 받았다고 했다. 그렇게 온 가족이 경제적 파탄에 이른 상황이었다.

"정말 모두 다 정리했어요. 지금은 아무것도 못 하고 있습니다."

그의 진술을 들으며 깊이 공감했다. 이런 상황에서 파산 신청을 하는 것은 불가피한 결정이었을 터였다. 그런데 채권자 중 한 회사에서 이상하다며 연락을 해왔다. 그 회사에서 직접 조사를 해보니 여전히 사업장을 운영하고 있다는 거였다. 이 소식을 들으며 절절하게 호소하던 그의 모습이 떠올랐다.

채권자 측으로부터 추가 자료를 받아 사실관계를 검토해보니 그들의 주장은 이유가 있었다. 하지만 일말의 오류도 없어야 하기에 직접 확인해야만 했다.

오후 2시쯤이었을까. 채권자 측으로부터 전달받은 주소에 위치한 사업장 안쪽에서 익숙한 목소리가 들렸다.

"이 차는 시공을 다시 해야겠어요. 기포가 너무 많이 생겼어요."

윤태호 씨였다. 그는 섬세한 손놀림과 전문 지식을 사용해 고객과 능숙하게 상담을 진행하고 있었다. 한동안 그 모습을 지켜봤다. 능숙하게 작업하는 모습은 분명 오랫동안 이 일을 해온 사람의 모습이었다.

"윤태호 님, 채권자 측으로부터 사업장을 운영하고 계시다는 이야기를 들었어요. 분명 정리했다고 하셨는데, 채권자 말이 맞나요?"

한참의 침묵이 흘렀다. 이제 돌이킬 수 없겠다는 생각이 들었다.

"그게… 그런 거 아니에요. 그냥 친구 가게 일을 도와주는 거예요."

"그냥 도와주는 것 같지는 않으셨는데요. 저도 이미 확인했습니다."

그의 목소리에는 당황한 기색이 역력했다. 하지만 이미 늦었다. 나는 그 순간 그가 처음부터 거짓말을 하고 있었다는 것을 깨달았다.

* * *

예순이 넘어 파산을 신청한 정민수 씨는 처음부터 끝까지 일관된 주장을 했다. 나이가 많아 새로운 일터를 찾는 것도 힘들어 보이는 그를 보며 마음이 아팠다.

"변호사님, 저는 정말 가진 게 아무것도 없어요. 전자제품 대리점을 하나 했었는데 그것도 IMF 때 완전히 망해서 이후로는 쭉 무직이에요. 집도 없어서 지인 집에 얹혀 살고 있고요."

그의 표정은 진실 그 자체였다. 약간 구부정한 어깨, 낡은 옷차림, 위축된 말투까지 모든 것이 그의 어려운 처지를 말해주는 것 같았다. 이미 은퇴했거나, 은퇴를 준비할 때에 가진 것을 모두 잃고 이런 상황에 놓이게 되었다고 하니 얼마나 막막할까 싶었다.

"가족들도 다 어려워요. 애들은 각자 살기 바빠서 저를 돌볼 형편도 안 되고요."

엎친 데 덮친 격으로 가족마저 도움을 주기 어려워 홀로 파산 절차를 밟고 있다니.

그런데 조사를 할수록 이상한 점들이 하나둘 발견되기 시작했다. 우선 그의 배우자와 자녀들 명의로 부동산이 여럿 있었다. 그것도 제법 값나가는 것들이었다. 처음엔 조사

착오인가 싶었다.

"정민수 님, 가족분들이 부동산을 여러 채 갖고 계시는 것을 확인했습니다."

"아, 그건 애들이 각자 벌어서 산 거예요. 저랑은 전혀 상관이 없어요."

분명 자녀들은 그를 돌볼 형편이 되지 않는다고 했는데. 각 가정의 상황이 어떠한지는 알 수 없으니 그렇게 말할 수 있는 일이기도 했다. 하지만 뭔가 석연치 않은 느낌이 들었다.

"그런데 자제분들이 그 부동산을 구입한 시기가 모두 미성년자였거나 사회 초년생일 때였습니다. 자제분들이 그런 큰돈을 어떻게 마련했을까요?"

"그건 잘 모르겠네요. 아이들 일은 제가 관여하지 않아서요."

이상했다. 아무리 관여하지 않는다 해도 자녀가 집을 사면 부모가 모르기 힘들 텐데. 게다가 미성년일 때, 사회 초년생일 때라면 자녀가 독립적으로 매매 계약을 했을 리 없었다. 점점 의문이 커지던 중에 더 큰 문제가 드러났다. 채권자 한 명이 그가 제출한 주소지로 직접 찾아갔는데, 집주인과 경비원 모두 "그런 사람은 여기 안 산다"라고 했다는 거였다.

"정민수 님, 주민등록상 주소지에 안 살고 계신가요?"

"그게… 잠깐 다른 곳에 있는 거예요. 아는 사람 집에 잠깐…."

대답이 점점 모호해졌다. 무척 구체적으로 설명했던 처음 모습과는 완전히 다른 모습이었다. 무언가 계속 엇나가고 있었다. 결국 그의 핸드폰 사용 내역을 살펴보기로 했다. 기지국 정보를 보면 주로 어느 지역에서 활동하는지 알 수 있으니까.

"정민수 님, 핸드폰 사용 내역을 제출해주세요. 기지국 표시가 나오는 걸로요. 거주지 확인을 위해 필요합니다."

"개인정보라서 좀 그런데…."

결국 그는 자료를 제출하지 않았다. 나는 다른 방법으로 조사를 계속했다. 그는 파산 선고 후 채권자가 주소지에 대해 문제를 제기하자 주소를 다른 곳으로 옮겼다. 그런데 그 바뀐 주소가 이상하게 낯이 익은 게 아닌가. 어디서 본 주소인가 싶어 파일을 뒤져보니 자신의 현재 직장이라고 말했던 곳이었다. 혹시나 하는 마음에 인터넷에서 검색을 해봤다. 그곳에는 한 사업장이 자리하고 있었다. 기재된 전화번호로 전화를 걸었다.

"안녕하세요. 혹시 정민수 씨 계신가요?"

"아, 사장님이요? 잠깐 자리를 비우셨는데요. 잠시만

기다리시겠어요?"

분명 "사장님"이라고 했다. 그것도 너무나 자연스럽게. 이 통화로 많은 것이 분명해졌다. 무직이라고 주장하던 그는 '사장님'이었던 것이다.

* * *

윤태호 씨에게는 일부라도 채권자들에게 배당할 수 있도록 사업장의 가치를 평가해 파산재단에 편입하자고 제안했다. 그러면 면책불허가 사유가 있더라도 법원이 특별한 사정을 고려해 예외적으로 면책을 허가할 수 있었다. 하지만 그는 그 사업장은 자신의 것이 아니라며 끝까지 부인했다. 이러한 태도는 결국 면책을 포기하는 셈이었다.

정민수 씨에게는 더 이상 거짓말을 하지 말라고 강하게 권했다. 가족 명의 재산에 대한 자금 출처를 소명하고, 현재 운영 중인 사업장에 대해서도 솔직히 말해달라고 했지만 그 역시 끝까지 부인했다.

면책불허가 의견서를 작성하면서 무척 안타까웠다. 파산 제도는 감당할 수 없는 빚으로 인해 벼랑 끝에 선 것처럼 절체절명의 위기에 있는 사람들에게 다시 일어설 기회를 주는 제도다. 사회적으로는 한 사람이 경제적 사망 상태에서 벗어나 다시 생산적인 활동을 해 국가 경제에 이바지할 수 있게 해주는 의미 있는 제도라고 생각한다.

이 기회를 받기 위해서 반드시 지켜야 할 중요한 조건이 하나 있다. 바로 진실이다. 솔직하게 모든 것을 털어놓고 진심으로 재기할 의지가 있다는 것을 보여주는 것. 그것이 전부다.

두 사건 모두 결과는 같았다. 면책불허가.

* * *

파산관재인으로 일하면서 정말 다양한 사람들을 만난다. 사업 실패로 어려움에 처한 사람, 보증을 잘못 서서 곤란해진 사람, 의료비나 생활비 때문에 빚이 늘어난 사람들까지. 저마다의 사연이 있고, 저마다의 아픔이 있다. 그런 분들을 만나면 항상 이렇게 말한다.

"있는 그대로 말씀해주세요. 진실을 말했는데 문제가 되는 점이 있으면 파산 절차 내에서 다 해결하고 새로 시작할 수 있어요."

대부분의 채무자들은 이 말을 잘 이해하고 협조한다. 그래서 무사히 면책을 받고 새로운 삶을 시작한다. 하지만 가끔은 이들처럼 하나라도 더 지키려고 진실을 숨기는 분들을 보게 된다. 이런 경우를 마주할 때마다 안타깝다. 조금만 내려놓으면 훨씬 많은 것을 얻을 수 있는데. 눈앞의 작은 것에 매달리다가 정작 중요한 기회를 놓치고 만다.

예전에 함께 파산관재인으로 활동하던 동료 변호사가 이런 말을 했다.

"고운 말 한마디로 천 냥 빚을 갚는다고 하잖아요. 파산 절차에서도 마찬가지인 것 같아요. 채권자들에게 진심으로 사과와 반성의 마음을 표현하고, 진심으로 다시 시작하고 싶다는 마음을 보여주면 많은 경우 이해하더라고요. 그런데 끝까지 거짓말을 하고 숨기려고만 하면 누가 도와주려고 하겠어요."

빚을 진 상황에서도, 아니 그런 상황이기 때문에 더욱 진실하고 겸손한 자세가 필요하다. 채권자들도 사람이다. 채무자가 정말 반성하고 있다는 것을 느끼면 새로운 기회를 주고 싶어 한다. 하지만 윤태호 씨와 정민수 씨는 끝까지 채권자들을 속이려고 했다. 채권자들은 얼마나 억울하고 분통이 터졌을까.

윤태호 씨의 경우 채권자인 회사는 투자한 돈을 회수하기 위해 발품을 팔아가며 직접 조사를 했다. 몇 번이나 사업장을 확인하러 다녔고, 채무자의 행동을 추적하며 거짓을 밝혀냈다. 어쩌면 그들은 억울함을 넘어 배신감까지 들었을

지도 모른다.

정민수 씨를 추적했던 채권자도 마찬가지였다. 예순이 넘은 노인이 정말 아무것도 가진 것 없이 어렵게 살고 있다고 하니 어느 정도 동정심도 있었을 터였다. 그런데 알고 보니 가족 명의로 여러 부동산을 소유했고, 게다가 본인은 사업도 하고 있었다. 그 사실을 알았을 때의 배신감이 얼마나 컸을까. 채권자들 입장에서는 단순히 돈을 못 받는 것을 넘어서 인간적으로 무시당한 기분이었을 것이다.

요즘 파산 관련 사건을 상담할 때면 이 사례들을 예로 들어 당부하곤 한다.

"파산 절차는 새로운 기회를 주는 제도입니다. 하지만 그 기회는 진실을 바탕으로 할 때에만 의미가 있어요. 숨기고 속이려고 하면 결국 더 큰 어려움에 빠지게 됩니다. 채권자들에게 진심으로 미안한 마음을 가지셔야 합니다. 특히 개인 채권자들에게는 더요. 없는 돈 만들어서 빌려준 돈, 빚내서 물건 제조하고 납품한 돈, 그 돈들을 못 받은 채권자들은 얼마나 억울하겠어요."

법이라는 것이 마냥 차갑고 딱딱해 보이지만, 사실 그 안에는 사람에 대한 따뜻한 배려가 담겨 있다. 파산법도 마찬가지다. 경제적으로 어려워진 사람에게 다시 일어설 기회를 주는 것, 이것이 이 법의 진정한 의미다. 다만 이 두 사례가 보여주듯 그 기회를 잡으려면 용기가 필요하다. 모든 것을 잃을까 두려워하지 말고 진실을 말할 용기, 그 용기만 있다면 새로운 시작은 충분히 가능하다.

깨물어
안 아픈 손가락 없다

어떤 사람들은 말할 것이다.

"두 번이나 파산하는 사람을 왜 도와줘야 하나? 무책임한 거 아닌가?"

충분히 할 수 있는 생각이다. 면책이라는 혜택을 받고도 또 다시 같은 실수를 반복한다면, 도덕적 해이라고 볼 수도 있다. 나 역시 처음에는 그런 생각이 들었다.

* * *

"변호사님, 안녕하세요."

정이숙 씨가 사무실 문을 열고 들어섰다. 파산 선고를 받고 나서 내가 파산관재인으로 선임되어 첫 면담을 하는 날이었다. 미리 검토한 자료들을 통해 현재 어떤 상황인지 어느 정도 파악하고 있었지만, 직접 마주한 그의 모습은 생각보다 더 지쳐 보였다.

"정이숙 님, 처음 뵙습니다. 파산관재인 왕미양입니다."
"네, 안녕하세요. 이런 일로 뵙게 되어 죄송합니다."

그는 가방에서 구겨진 봉투 하나를 꺼냈다. 각종 독촉장과 법원 서류들이 가득 들어 있었다. 깊은 한숨을 쉬며 종이 더미를 손에 든 그를 보니 자료에서 확인했던 것보다 상황이 더 복잡한 것 같았다. 무엇보다 이번이 두 번째 파산이라는 점이 마음을 무겁게 했다. 솔직히 마음 한편에는 '또?'라는 생각이 스쳤다.

그는 차근차근 자신의 이야기를 시작했다. 그의 남편은 유난히 추웠던 어느 해 겨울에 알코올성 간경화로 세상을 떠났다. 그 이전부터도 남편은 제대로 일을 할 수 없는 상태였다 보니 병원비와 생활비 부담이 쌓이면서 첫 번째 파산을 하게 되었던 것이다. 남편이 세상을 떠난 후 기초생활수급자가 되어 근근이 살아왔고, 면책허가 후에는 정말 조심스럽게 살았다고 했다.

문제는 첫 번째 파산과 면책으로부터 5년이 지난 시점

부터 시작되었다. 신용 정보에서 파산 기록이 삭제되면서 다시 신용카드를 만들 수 있게 된 것이다. 처음에는 정말 조심스럽게 카드를 사용했다. 생활비가 부족해져 정말 급할 때만 현금서비스를 받았고, 기초생활수급비가 나오면 곧바로 갚아나갔다. 하지만 수급비만으로는 기본적인 것조차 해결하기 어려운 것이 사실이었다. 몸이 아프면 참았지만, 꼭 병원에 가야 할 때도 있었다. 그러다 보니 조금씩 카드 빚이 늘어났다.

하지만 진짜 문제는 친구였다. 친구와의 사연을 말하는 그의 목소리가 조금씩 떨렸다.

"오래전부터 알고 지낸 동네 친구였어요. 그 친구는 반찬가게도 했고 옷가게도 했고요. 나보다는 더 나은 형편인 줄 알았어요. 그런데 어느 날, 자기가 개인회생 중이라서 카드 발급이 안 된다고 하더라고요. 장사를 하는 데 카드가 필요하다 보니 제 이름으로 하나만 만들어달라는 거였어요. 자기가 쓴 건 그때그때 갚겠다고요."

그는 친구의 간곡한 부탁이었어도 처음에는 거절했다. 이미 한 번 파산을 경험했던 터라 카드의 무서움을 너무도 잘 알고 있기 때문이다. 하지만 친구는 오랜 사이인데 왜 믿지 못하느냐며, 정말 급해서 그러는 거라며 계속해서 부탁했다. 힘들 때마다 서로 의지가 되어준 친구의 부탁을 거절하기 어려웠던 그는 결국 카드를 만들어주고 말았다. 처음에는 그 친구가 약속한 대로 카드를 쓴 만큼 정해진 날에 입금했다.

"그렇게 약속을 지키는 모습을 보니 마음을 놓을 수 있었어요. 오래된 친구를 믿길 잘했다고도 생각했죠. 그런데 카드 이용 금액이 점점 커지더라고요. 처음에는 몇십만 원 정도였어요. 그런데 나중에는 한 달에 수백만 원씩 쓰고 있더라고요. 걱정은 됐지만 계속 잘 갚으니까 괜찮을 거라고 생각했어요."

이야기를 들어보니 문제는 카드만이 아니었다. 친구는 사업 자금이 더 필요하다며 대부업체에서 대출을 받아달라고까지 요청하기 시작했다. 자기는 이미 대출을 너무 많이 받아 대출 한도가 없다는 이유로. 그래도 카드의 경우와 마찬가지로 매달 이자를 잘 보내줬다. 정이숙 씨는 불안하긴 했어도 의심할 객관적인 이유를 찾기 어려웠을 것이다.

* * *

이 이야기를 들으며 다른 사례들을 떠올렸다. 이런 패턴은 그동안 너무 많이 봐왔다. 신뢰를 이용한 사기의 전형적인 수법이기 때문이다. 역시나 친구의 태도는 그리 오래 지나지 않아 변하기 시작했다.

"갑자기 그 친구와 연락이 안 되기 시작했어요. 처음에는 그냥 가게 일이 많이 바쁜가 보다 했죠. 그런데 며칠이 지나도록 전화를 받지 않고, 문자를 보내도 답이 없었어요. 기다리고 기다리다 가게를 찾아갔거든요. 근데… 문이 닫혀 있었어요."

그는 그제야 무언가 잘못되었다는 것을 느꼈다. 얼마 지나지 않아 카드사와 대부업체에서 연체 통보가 오기 시작했다. 그 친구에게 계속 연락을 시도했지만 소용이 없었다.

"친구는 몇 달이 지나서야 전화를 받더라고요. 사업이 다 망해서 이제는 자기도 어쩔 수 없다며 나보고 알아서 하라고 하더라고요. 그러고는 전화를 끊었고, 그게 마지막 통화였어요."

그는 자신이 너무 바보였다며 자책했다. 그렇게 친구를 믿었던 자신을 탓하면서도 한편으로는 친구를 원망하지 못하는 복잡한 감정을 느끼고 있었다.

"그 친구가 정말 나쁜 마음을 먹고 저를 속인 건지 확신이 안 서요. 그런 건 아니겠죠, 변호사님…?"

이런 질문을 받을 때마다 나는 마음이 복잡해진다. 처음부터 갚을 의사가 없었다면 법적으로는 분명히 사기이고, 설령 갚을 생각이 있었다 하더라도 상황이 어려워졌을 때

솔직하게 말하지 않고 도망간 것은 배신이다.

하지만 정이숙 씨 같은 분들에게는 그런 법적 판단보다 인간적인 관계가 더 중요하다. 오랜 시간 함께해온 사람을 악인으로 규정하는 것 자체가 고통스러운 일이다.

"정이숙 님의 마음 이해합니다. 오랫동안 관계를 맺어온 사람이니까 쉽게 단정할 수 없겠죠. 하지만 지금 중요한 건 정이숙 님께서 이 상황을 어떻게 헤쳐나가느냐예요."

현재 채무 규모를 정리해보니 7000만 원 정도였다. 대부분 대부업체에서 받은 대출이었고, 신용카드 채무도 상당했다. 기초생활수급자인 그에게는 결코 감당할 수 없는 금액이었다.

"변호사님, 이번에도 면책을 받을 수 있을까요? 7년 전에 이어서 두 번째인데…. 죄송합니다."

이 질문을 받는 순간, 나는 잠시 말문이 막혔다. 부끄러워하지 않아도 된다고 해야 할까? 괜찮을 거라고 해야 할까? 면책을 받고도 다시 감당할 수 없는 빚을 져 다시 파산하게 된 이 상황을 어떻게 이해해야 할까?

* * *

사실 종종 그와 같은 채무자들을 만나면 생각이 많아

진다. 첫 번째 파산하고 면책이 된 이후 5년이 지나 신용이 회복되면 다시 신용카드를 만들고, 현금서비스를 받고, 그러다 안 되면 돌려막고, 결국에는 7년이 되어 다시금 파산신청을 하게 되는 이런 상황. 사실 무책임하게 보였다.

'대체 왜 이런 일이 반복될까. 대책 없는 사람이네….'

솔직히 처음에는 그런 그들을 보며 이렇게 생각했다. 어렵게 면책허가를 받아 두 번째 기회를 얻었음에도 소중히 여기지 않고 흘려보냈기 때문이다. 답답하고, 무책임하고, 우리 사회가 이런 답답하고 무책임한 사람들을 어디까지 책임져야 하나라는 생각이 들기도 했다.

하지만 시간이 지나면서 생각이 바뀌었다. 이런 분들 중에는 정말 어쩔 수 없는 상황에 처한 경우가 많았다. 제대로 된 교육 기회를 얻지 못했거나, 냉철한 경제적 판단력이 부족했거나, 혹은 정이숙 씨처럼 선량한 마음이 이용당한 경우 정말 이들이 그 모든 책임을 지는 것이 옳은가? 인생이 자꾸만 꼬이고 풀리지 않으면 점점 나 스스로 이해하기 힘든 결정을 하게 되기도 한다. 물론 그렇다고 해서 개인에게 책임을 물을 수 없다는 것은 절대 아니다. 하지만 책임만을 강조하다 보면 절실하게 도움이 필요한 사람들을 외면하게 되는 건 아닐까. 그 시절 머릿속을 채우던 질문들이다.

"정이숙 님, 이번에 면책이 허가된다면 어떻게 지낼 계획이세요?"

"조심 또 조심하며 살아보려고 생각하고 있어요. 이번에는 정말 카드 같은 건 절대 안 만들 거예요."

그의 말에서 진심이 느껴졌다. 하지만 그동안의 경험을 통해 나는 알고 있다. 5년 후 신용이 회복되면 다시 카드의 유혹에 빠질 가능성이 높다는 것을. 기초생활수급비만으로는 말 그대로 기본적인 생활만 가능하기 때문이다.

"혹시 말이에요. 나중에 또 어려운 일이 생긴다면 혼자 고민하고 결정하지 마세요. 주변에 있는 복지관이나 상담센터 같은 곳과 꼭 상의하세요. 카드사나 대부업체 말고요."

"네, 알겠어요. 변호사님, 정말 고맙습니다."

"다시는 법원에 오게 되는 일을 만들지 않기로 약속합시다."

* * *

사업 실패, 질병, 이혼, 실직 등 파산관재인으로 만나게 되는 사람들이 경제적 어려움에 빠지게 된 사연은 정말 다양하다. 정이숙 씨처럼 면책 후 5년이 지나 신용이 회복되었음에도 결국 파산이라는 같은 결론에 도달하는 사람도 적지 않다. 우리 사회는 이들을 어떻게 대해야 할까. '한심한 인생'인 이들을 과감하게 내쳐야 할까? 집마다 형제가 많았던 예전 모습을 떠올려보면, 열 명의 형제가 있다고 했을 때 똑똑하고 잘난 형제가 하나쯤은 꼭 있었다. 반대로 지지리 못난 형제도 있기 마련이었다. 그렇다면 잘난 형제가 부족한 형제를 돕고 이끌어주지 않았나. 국가 공동체도 마찬가지 아닐까.

정이숙 씨는 과연 이번에 달라질 수 있을까? 혹시 5년 후 같은 상황이 반복되지는 않을까? 그럼에도 우리는 계속해서 손을 내밀어야 한다. 완벽하지 않은 사람들이 서로를 의지해 함께 살아가는 모습, 그것이 바로 공동체니까.

파산,
남 얘기인 줄 알았는데

"변호사님, 제가 파산으로 법원을 찾으리라고는 꿈에도 생각하지 못했습니다."

파산관재인 업무를 하면서 자주 듣게 되는 말 중 하나다. 이 말을 하는 사람들의 면면을 보면 참 다양하다. 대기업 임원, 잘나가던 의사, 사관학교 출신 군 고위 장교…. 이른바 사회에서 '성공했다'라고 여겨지는 직업을 가진 사람들이 내 사무실을 찾아와 하는 회한 섞인 자조의 말이다. 그럴 때마다 나는 차분하게 대답한다. 파산이라는 건 누구에게나 일어날 수 있는 일이라고. 하지만 그들의 표정은 여전히 믿기 어렵다는 듯하다.

13년간 파산관재인으로 일하면서 만났던 수많은 사람들 중에도 기억에 남는 세 분의 이야기를 풀어보고 싶다. 모두 사회적으로 성공했다고 여겨지는 분들이지만, 각기 다른 이유로 파산이라는 벽을 마주한 사연들이다.

* * *

첫 번째 분은 박철민 씨다. 첫 면담 당시 일흔이 넘었던 그는 사관학교를 졸업하고 임관해 대위까지 복무한 후 전역했다. 이후 한 정부 중앙 부처에서 공직을 시작해 외청장까지 역임하며 엘리트 코스를 밟았던 분이었다.

"안녕하세요, 청장님."

처음 만났을 때 나도 모르게 직위명으로 인사를 했다. 그만큼 그의 이력이 화려했다. 하지만 가지고 있는 타이틀과 달리 표정은 무척이나 침울했다.

"아내와 제가 좀 과하게 욕심을 부렸습니다."

그의 이야기는 외청장 퇴임을 앞둔 해의 가을쯤부터 시작됐다. 퇴임을 준비하며 이후 발걸음을 계획하던 그때, 그는 지인을 통해 토지 개발 정보를 입수했다는 아내의 이야기를 들었다.

"사실 처음에는 망설였어요. '우리 나이에 무슨 부동산 투자냐'라고 하면서요. 하지만 아내 말을 들을수록 설득이 되더라고요. '퇴직하고 나면 당신 연금만으로 우리가 어떻게 사냐, 제대로 된 노후 준비를 해야 한다'라고 했거든요. 결국 저도 아내 의견에 동의했습니다."

그의 아내는 투자 정보를 제공했다는 부동산 컨설턴트인 지인의 말을 철석같이 믿으셨나 보다. 용인 지역에 대규모 개발이 시작된다는 정보였다. 아내는 아파트를 담보로 대출을 받았고, 지인들에게서도 돈을 빌려 10억 원이 넘는 돈을 투자해 결국 토지를 매입했다. 그런데 믿고 싶지 않은 일이 발생하고 말았다.

"그 부동산 컨설턴트라는 사람이 어느 날 갑자기 사라졌어요. 연락도 안 되고, 사무실은 텅텅 비어 있고…. 그제야 사기를 당했다는 걸 알았죠."

결국 그들에게 남은 건 빚더미였다. 땅은 강제 경매로 넘어갔지만, 매입가의 절반도 안 되는 가격에 팔렸다. 보유한 아파트와 다른 부동산까지 경매로 처분했지만 빚은 줄어들지 않았다.

"제가 연대보증을 섰거든요. 아내 혼자 감당할 수 없으니까요. 그러다 결국 우리 아들까지 연대보증에 얽히고 말았어요."

그의 목소리가 떨렸다. 가장 마음 아픈 것은 자녀까지

도 파산 신청을 해야만 했다는 사실이었다. 큰 기대를 하고 시작한 투자 때문에 한순간에 가족 전체가 나락으로 떨어진 것이다.

"공무원 연금으로 근근이 살고 있었는데, 아내가 유방암으로 수술까지 받게 되었어요. 이제는 정말 감당할 방법이 없습니다."

* * *

두 번째 사연은 정한구 씨다. 당시 환갑을 넘겼던 그도 대령으로 예편한 군 출신이었다. 사회에 나와 여러 회사에서 고문과 대표이사를 역임한 경력도 가지고 있었다.

"군대에서는 많은 것이 예측 가능하고 단순했는데, 민간에 나오니까 세상이 참 복잡하더라고요. 지인의 부탁으로 건설사에 들어가게 됐어요. 처음에는 고문 정도로 생각했어요. 제가 건설에 대해 뭘 아나요. 그런데 서류상으로는 대표이사더라고요."

그는 쓴웃음을 지으며 말했다. 문제는 그 다음이었다. 회사의 경영 상태가 급속도로 악화되면서 법인 회생을 신청했지만, 매출 부진으로 회생 절차의 이행이 어려워지고 말았다. 결국 법원은 파산 선고를 내렸다.

"그때야 알게 됐어요. 대표이사라는 이름에 얼마나 무거운 책임이 따라오는지를요."

무려 200억 원이 넘는 연대보증 채무가 고스란히 그의 몫이 되었다. 살던 주택도 임의 경매로 매각됐지만, 빚의 극히 일부만 처리할 수 있을 뿐이었다.

"그런 일들을 겪으면서 협심증도 생겼어요. 아무래도 스트레스 때문이었겠죠. 얼마 되지 않는 군인 연금으로 어떻게 이 큰 빚을 갚겠어요…."

그와 관련해 특별히 기억에 남는 모습은 파산관재인인 나를 대하는 태도였다. 첫 면담 때부터 무척 조심스럽게 접근하며 나를 탐색하고 무언가 기회를 찾는다는 느낌을 강하게 받았다. 아마도 평생 '로비'와 '인맥'으로 일을 처리한 습관 때문이었을 것이다. 그런 모습을 보며 이렇게 말한 적이 있다.

"정한구 님, 파산 절차에서는 그런 게 필요하지 않아요. 파산관재인인 저는 법에 규정된 대로 중립적이고 공정하게 처리할 뿐입니다."

처음엔 당황하던 그도 나중에는 과거의 지위나 인맥은 아무 소용이 없다는 것을 이해한 것 같았다.

* * *

세 번째는 최동일 씨다. 가진 역량을 열정적으로 펼치며 한창 일할 나이였던 그는 국제선물거래사로 활동해 상당한 수입을 올리기도 한 금융 전문가였다.

"한 달 수입으로 수천만 원씩 벌던 때도 있었어요."

그렇게 승승장구하던 그는 정해진 틀에 맞춰 일하며 승진과 연봉 상승만을 기대하는 것에 답답함을 느껴 직장을 떠나 과감하게 사업을 시작했다. 수완이 좋았던 그는 사업도 성공적으로 해낸 덕분에 풍족한 생활을 즐길 수 있었다. 능력 있고 꿈도 컸던 그는 다음 계획으로 미국 이민을 선택했다.

"그런데 기대와 함께 시작한 이민은 생각하지 않은 방향으로 흘러갔어요. 늘 자신감이 있었는데 현실은 많이 다르더라고요."

문화적 이질감 속에 적응이 쉽지 않았고, 돈은 빠듯한데다, 부부 사이도 틀어지게 되었다. 두 사람은 결국 이혼을 하게 되었고 아내와 자녀는 미국에 남은 채 그는 홀로 한국으로 돌아왔다.

"귀국한 후 다시 금융권에서 일하면서 수입이 늘었어요. 그렇게 다시 큰돈을 벌게 되니 무척 자신만만했죠. 그때가 저의 절정기가 아니었나 싶어요. 많이 벌어들인 만큼 지출도 컸죠. 그러던 중 새로운 도전을 해보고 싶었고, 더 큰 무대에서 일할 수 있다는 마음에 직장을 옮겼는데…. 돌아보면 열정과 욕망이 너무 앞섰던 것 같아요."

그의 말처럼 과도한 열정과 자신감 때문에 근로계약 조건을 꼼꼼히 따져보지 못했던 것이 화근이었다. 들어보니 계약 내용은 아찔했다.

"수익은 회사와 반씩 나누는데, 손실은 제가 전액 부담하는 조건이었어요. 지금 생각하면 말도 안 되는 계약이었죠. 하지만 그때는 '내가 손실을 낼 리 없지' 하는 자신감이 있었어요. 미국에서 공부하는 아들을 생각해서라도 잘해야 했죠. 아들의 1년 학비가 거의 1억에 가까웠어요. 사립 기숙학교였거든요."

성과도 있었지만, 일을 할수록 영업 비용과 투자 손실이 눈덩이처럼 불어났다. 경제적 환경은 점점 어려워지고 있는데, 아들의 학비 그리고 절제하지 못했던 그의 소비벽까지 겹치면서 빚은 기하급수적으로 늘어나고 말았다. 승승장구하던 자신의 모습이 영원할 것이라 착각해 돈을 펑펑 쓰고 말았다는 그의 말은 많은 생각을 하게 했다.

성과 부진이 이어지자 지극히 불리한 조건으로 체결된 계약은 무서운 현실이 되어 눈앞에 다가왔다. 몇 번의 손실을 만회하고자 대출과 지인을 통한 차용으로 돌려막기를 했지만, 결국 그는 지급불능 상태가 되고 말았다.

"개인회생을 신청했는데, 실직을 하게 되면서 변제 계획을 이행할 수 없게 되자 회생 절차가 도중에 종료됐어요. 그때는 정말 막다른 길에 선 것 같았죠."

* * *

이 세 분을 만나면서 새삼 깨달은 것이 있다. 파산은 누구나 겪을 수 있다는 점이다. 고위 공무원, 영관급 장교 출신 경영인, 금융 전문가. 한때는 자신의 분야에서 성과를 내고 높이 올랐던 분들이지만, 예상치 못한 상황 앞에서는 속수무책이었다.

박철민 씨의 경우는 부동산 투자 실패가, 정한구 씨는 회사 대표라는 역할에 주어진 연대보증 책임이, 최동일 씨는 고수익에 대한 과신과 무분별한 소비가 원인이었다. 모두 다른 이유였지만, 결과는 같았다.

"변호사님, 정말 부끄럽습니다."

박철민 씨가 마지막 면담에서 말했다.

"부끄러워하실 필요 없습니다. 누구에게나 일어날 수 있는 일이 파산이에요. 의지만 있다면 얼마든지 다시 시작할 수 있습니다. 그래서 면책이라는 제도가 있는 거고요."

나는 진심으로 그렇게 말했다. 13년간 수많은 파산 사건을 담당하면서 배운 것이 있다면, 파산에는 직업도, 학벌도, 사회적 지위도 전혀 상관없다는 것이다.

요즘 사람들은 '금수저', '흙수저' 같은 말을 자주 한다. 태어날 때부터 삶의 여정은 정해진 운명이라고 생각하는 것 같다. 하지만 이 분들을 포함해 내가 만났던 사람들을 보면 인생이란 정말 예측 불가능하다. 성공했다고 해서 영원히 성공하는 것도 아니고, 실패했다고 해서 영원히 실패하는 것도 아니다. 그리고 중요한 것은 소득의 많고 적음, 사회적 지위의 높고 낮음을 떠나 불안감은 누구에게나 무거운 짐이라는 사실이다. 그 불안감을 극복하려는 나름의 노력이 때로는 어긋날 수 있다는 것도 이해해야 한다.

파산관재인으로 일하면서 가장 보람을 느끼는 순간은 면책 결정을 받은 분들이 고마움을 표할 때다. 물론 재산을 잃고 신용도 잃었지만, 그들에게는 다시 시작할 기회가 주어진다.

"변호사님 덕분에 새출발을 할 수 있게 됐어요."

그럴 때마다 나는 이렇게 답한다.

"제가 한 건 법적 절차를 잘 수행하시도록 도운 것뿐이에요. 새출발은 본인이 하시는 겁니다."

완전히 무너진 사람에게 다시 일어설 기회를 주는 것. 이것이 파산법의 진정한 의미라고 생각한다. 세 분의 이야기를 통해 확실히 볼 수 있듯 파산은 끝이 아니라 새로운 시작이다. 그리고 그 시작은 누구에게나 공평하게 주어진다.

진실만을
말해주세요

"김동우 님, 법원에서는 면책불허가 결정을 했습니다."

면책허가 결정을 기대하고 있었을 그에게 이런 결과를 전하게 되었다. 13년 동안 파산관재인으로 일하면서 2,400여 건의 사건을 담당했지만, 면책불허가 결정은 매번 마음이 무겁다. 특히 젊은 채무자들의 경우에는 더욱 그렇다. 그의 얼굴에 스며든 절망감을 보며 수개월 전 그와 나눈 대화를 떠올렸다.

"변호사님, 정말 솔직하게 말씀드리겠습니다. 저는 미혼이고요…."

그때 그의 눈빛에는 간절함이 가득했다. 하지만 그 간

절함 뒤에 숨겨진 거짓말들이 결국 그를 더 깊은 나락으로 떨어뜨렸다.

* * *

김동우 씨가 처음 내 사무실을 찾았을 때의 모습이 아직도 선명하다. 당시 마흔이 되지 않았던 그는 고등학교를 졸업하고 열심히 경력을 쌓아 기계 관련 기사 자격증을 따낸 성실한 청년이었다.

"사실 처음에는 병역특례업체에 들어가려고 했어요. 그런데 친구가 다단계를 해보자고 하더라고요. 지금 생각하면 정말 바보 같은 선택이었어요."

그는 쓴웃음을 지으며 과거를 회상했다. 다단계 사업에 뛰어들었다가 빚을 지게 된 그는 이후 4년여 동안 신용회복 절차를 통해 수백만 원을 성실히 갚았다. 그런 경험을 가지고 있었기에 더욱 조심스럽게 결정했으면 좋지 않았을까 싶어 안타까웠다.

"그 일이 있고 나서는 다른 생각 하지 않고 정말 성실하게 살았어요. 유통업체에서 일하면서 꾸준히 돈도 모았고요. 한 회사에서 제안이 들어왔을 때는 정말 더없이 좋은 기회라고 생각했어요."

그가 말한 제안이라는 것은 홈쇼핑과 온라인몰 대상으로 판매 영업을 하고 수수료를 받는 사업이었다. 어떻게든 기회를 놓치지 않겠다는 생각에 개인사업자를 등록하고 정말 열심히 일했다고 한다. 몇 해가 지나 청천벽력 같은 일이 벌어졌다.

"갑자기 연락이 온 거예요. 그동안 판매 수수료 정산이 잘못되었다면서 수억 원이나 되는 돈을 갑자기 돌려달라고 하는 거예요. 처음에는 무슨 농담을 이런 식으로 고약하게 하나 싶었죠."

하지만 농담이 아니었다. 그 회사는 진지했고 그는 황당함을 감출 수 없었을 것이다.

"4년에 걸쳐 나눠 갚겠다고 부탁했더니 처음에는 그러자고 동의했어요. 그런데 그 다음 해 늦가을이 되자 갑자기 일시 상환을 요구하면서 제 거래처와 계좌에 가압류를 걸어버렸어요. 그 순간 모든 게 끝나버렸죠."

나는 상담을 진행하면서 그가 어떤 상황에 처해 있는지 관심을 가지고 보게 되었다. 사업 실패의 충격도 견디기 힘들었을 텐데 당뇨병에 공황장애까지 겹치는 등 심신이 모두 고장 난 채 고생을 하면서도 결코 포기하지 않으려는 의지를 보였기 때문이다. 나이도 젊으니 분명 다시 일어설 수 있는 가능성이 충분하다고 생각했다.

"변호사님, 저 정말 다시 열심히 살고 싶어요. 모든 걸 깨끗하게 정리하고 새롭게 출발하고 싶습니다."

그의 진심 어린 말에 공감하며 면책을 불허가할 사유는 없을 것이라고 생각했다. 하지만 내가 요청한 추가 자료의 제출 과정에서 조금씩 나타나는 진실이 마음을 무겁게 했다.

* * *

김동우 씨가 감춰둔 첫 번째 진실은 주요 채권자인 한 회사의 끈질긴 추적으로 드러났다. 그의 SNS를 뒤져 기어코 결혼식 사진을 찾아냈다.

"김동우 님, 미혼이라고 하셨는데 결혼이라니요. 어찌된 일인가요?"

"아, 그게⋯ 혼인신고는 안 했어요. 그냥 결혼식만 작게 했거든요."

그 순간 불길한 예감이 강하게 들었다. 혼인신고를 하지 않았다고 해서 문제가 되지 않는 것은 아니다. 더 중요한 것은 왜 이 사실을 숨겼느냐는 것이다.

"혹시 저에게 말하지 않고 숨기신 게 더 있다면 지금 말해주세요."

"어…, 신용보증기금에서 소송을 걸긴 했는데 별거 아니에요. 그리고 얼마 전 봄에 임대보증금을 좀 받았는데요, 2억 정도 돼요."

나는 한숨을 내쉬었다. 하나씩 드러나는 숨겨진 진실들이 실타래처럼 얽혀 있었다.

또 다른 문제가 더 있었다. 파산 신청 전에 부모님이 그의 명의로 취득한 시골 주택의 소유권을 외조모에게로 이전한 것이다.

"김동우 님, 이건 심각한 문제가 됩니다. 왜 이 사실을 말하지 않으셨어요?"

"그냥 시골에 있는 작은 집이라서요. 외할머니께서 거기 살고 계시니까 명의를 정리해드린 것뿐이에요."

"문제는 타이밍입니다. 파산 신청 직전에 의도적으로 재산을 처분한 것으로 보일 수 있습니다."

그의 얼굴이 하얗게 질렸다. 그제야 사태의 심각성을 깨달은 듯했다.

채권자집회 때마다 그 회사 쪽은 빠짐없이 참석해 허위 진술과 재산 은닉 행위를 조목조목 지적했다. SNS를 뒤져 찾아낸 결혼식 사진을 포함해 공개되지 않았던 부동산 거래 내역, 누락된 소송 정보 등이 하나씩 폭로될 때마다 분위기는 차가워졌다. 채권자의 날카로운 지적에 그는 고개를 떨굴 수밖에 없었다.

허위 진술은 명백한 잘못이 맞다. 그럼에도 불구하고 김동우 씨의 복잡한 가정사와 아직 한창인 젊은 나이를 고려하면 충분히 정리하고 재기할 수 있다고 판단했다. 그래서 면책 의견서에 이렇게 적었다.

"채무자는 비록 일부 사실을 누락하고 허위 진술을 하였으나, 악의적인 재산 은닉 및 허위 진술이라기보다는 무지와 실수에서 비롯한 것으로 판단됩니다. 젊은 나이와 재기 의지를 고려해 면책을 허가하여 갱생의 기회를 주시기 바랍니다."

하지만 법원의 판단은 달랐다. 결혼 사실 은닉, 소송 정보 누락, 재산 처분 은닉 모두 고의적인 허위 진술로 인정했다. 특히 부동산 소유권 이전은 명백하게 채권자들을 속이고 재산을 빼돌리려는 행위로 판단했다. 결국 법원은 면책 불허가 결정을 내렸다.

이와 비슷한 사례가 하나 더 있다.

* * *

환갑을 앞두고 있던 한창수 씨는 이미 10여 년 전에 파산과 면책을 받은 경험이 있었다. 법적으로는 면책허가 결정 후 7년이 지나면 다시 파산 신청을 할 수 있다. 그런데 이번 두 번째 파산에서는 면책불허가 결정을 받았다.

"변호사님, 저는 정말 억울해요. 이번에는 정말 어쩔 수 없는 상황이었거든요."

중학교만 졸업한 한창수 씨는 20여 년 동안 전통시장에서 퀵서비스 일로 생계를 유지해왔다. 그러다 2010년대 중반부터 경기가 얼어붙어 일거리가 줄자 경제적 어려움을 덜고자 시작한 계모임에 의존하게 되었고, 그것이 잘못되면서 빚을 지게 된 것이다.

"처음 파산 신청해서 면책허가를 받고 난 뒤 새로운 마음으로 대출을 받아 집을 샀어요. 다시 목돈을 모으려고 계를 들었는데… 그게 잘못되는 바람에 빚만 떠안게 되었어요. 지금은 어렵게 마련한 그 집도 경매 진행 중이에요."

그의 사정을 들어보니 정말 안타까웠다. 치아는 거의 다 소실되어 오래전부터 의치를 하고 있었고, 무릎이 좋지 않아 병원에 입원한 적도 있었다. 건강도 좋지 않은 상황에서 수천만 원의 빚을 감당하기는 어려워 보였다.

그런데 조사 과정에서 이상한 점을 발견했다. 경매 진행 중이라고 했던 집의 경매 현황을 살펴보니 세입자가 있었다. 세입자는 임대보증금을 받기 위해 법원에 권리 신고를 한 상태였다.

"한창수 님, 경매 진행 중인 주택 관련해 자료를 살펴보았습니다. 그 주택은 임대를 하신 모양이네요."

"임대라고요? 아니에요. 저는 몰라요. 그런데 예전에 부동산 사무실이 무슨 서류를 만든다고 하기는 했어요. 그러고 나서 부동산 사무실로부터 1000만 원을 받은 적은 있어요."

무언가 이상했다. 임대보증금이 3000만 원으로 되어 있는데 1000만 원만 받았다는 것은 납득할 수 없었다. 나는 부동산 임대차계약서에 기재된 부동산 사무실에 직접 전화를 걸었다.

"안녕하세요. 한창수 씨 집 임대차 건으로 확인을 위해 연락드렸어요."

"예? 한창수 씨요? 잘 기억이 안 나는데요."

"전세 보증금이 3000만 원인, 요즘 보기 힘든 계약이었는데 기억이 안 나신다고요?"

"어… 네. 그거야 뭐, 중개할 때는 전혀 문제가 없었는데…. 왜요?"

부동산 측 담당자의 목소리는 어딘가 이상했다. 다시 통화를 했을 때도 마찬가지였다. 그리고 임차인에게도 여러 번 연락을 시도했지만, 전화를 받지 않았다. 다른 번호를 알게 되어 전화를 하자 예상했던 것과 달리 어떤 젊은 남성이

전화를 받았고 이해하기 힘든 말을 했다.

"말씀하신 이름은 제 어머니 성함이에요. 제가 어머니 명의로 임차해서 그 집에 살고 있거든요. 그런데 저도 집주인을 만나본 적이 없어요. 부동산 사무실은 자기들이 모든 권한을 위임받았다고 하더라고요. 계약금은 집주인 계좌로 보냈고, 나머지는 부동산 사무실로 보내달라고 해서 그쪽에 줬어요."

점점 미궁 속으로 빠져들었다. 소액 임차인이 받을 수 있는 우선변제 보증금을 악용한 허위 임대차계약일 가능성이 높았다. 부동산 사무실에서 한창수 씨의 궁핍한 상황을 이용해 상당한 이익을 얻었을 것으로 추정되었다.

나는 이 문제를 제대로 해결하기 위해 형사 고발을 시도했다. 하지만 경찰서에서는 뜻밖의 반응을 보였다.

"파산관재인이 고소를 한 사건은 처음이라서요. 사기죄의 피해자가 누구인지 명백히 해주시고, 피해자들과 사전 연락을 취해서 조사를 받을 수 있도록 해주세요."

고소장이 반려되면서 수사는 무산되었고 결국 한창수 씨도 허위 진술과 재산 은닉 혐의로 면책불허가 결정을 받을 수밖에 없었다.

* * *

김동우 씨는 나이 마흔도 되지 않은 젊은 나이에, 한창수 씨는 환갑을 앞둔 나이에 새로운 출발의 기회를 놓쳤다. 그 이유는 단 하나, 진실을 말하지 않았기 때문이었다.

사실 파산 신청자들이 모든 것을 숨김없이, 솔직하게 털어놓는다는 것은 사실 쉽지 않다. 부끄러운 과거, 복잡한 가정사, 마주하고 싶지 않은 실수들이 분명 하나씩은 있기 마련이다. 하지만 새로운 시작을 위해서는 지나온 길이 어떠했는지 파산관재인에게 정확히 설명해야 한다.

김동우 씨는 면책불허가 결정을 받은 후 정말 후회된다며 처음부터 다 말씀드릴 걸 그랬다고 했다. 그는 항고를 거쳐 약 2년 뒤에는 결국 면책허가 결정을 받을 수 있었다. 하지만 진실을 말했다면 없었을 면책불허가 결정과 이를 뒤집기까지 겪어야 했던 고통의 시간은 돌이킬 수 없었다.

나는 채무자들과 면담을 할 때면 이렇게 말하곤 한다.

"인생에서 가장 힘든 순간은 바로 숨기고 싶은 진실을 마주할 때예요. 하지만 그 진실을 받아들일 때 비로소 진짜 변화가 시작될 수 있습니다."

파산은 분명히 인생의 끝이 아니라 새로운 시작이다. 하지만 그 시작은 반드시 진실 위에서 이뤄져야 한다. 거짓말 위에 쌓은 성은 언젠가 무너지기 마련이고, 그 무너짐은 더 큰 상처만을 남긴다.

그동안 수많은 사람들의 인생을 가까이서 지켜봤다. 정말 밑바닥까지 떨어졌더라도 다시 일어서기 위해 진실된 마음으로 노력하는 사람들을 보면 가슴이 뭉클해졌다. 반대로 작은 거짓말 때문에 더 큰 기회를 놓치는 사람들을 보면 안타깝기 그지없다. 새로운 기회는 절로 찾아오지 않는다. 과거를 정직하게 인정하고, 변화를 향한 진정한 의지를 보여줄 때만 가능하다. 그 진실성이야말로 진정한 재기의 출발점이 아닐까.

이 두 사람의 이야기는 아직 끝나지 않았다. 결코 쉽지 않겠지만, 새로운 출발의 기회를 찾을 수 있기를, 그 기회를 놓치지 않기를 간절히 바란다. 인생은 단 한 번의 실패로 끝나는 것은 아니니까.

황혼에 만난
사랑의 대가

"네? 뭐라고요?"

여든을 바라보는 연세인 최민석 씨가 왼쪽 귀에 손을 대고 몸을 앞으로 기울이며 물었다. 그의 오른쪽 귀는 청력을 거의 잃었고, 왼쪽 귀마저 점점 나빠지고 있었기 때문이다. 나는 목소리를 한 톤 높여 다시 질문했다.

"최민석 님, 언제부터 카드를 사용하기 시작하셨어요?"

질문을 제대로 듣자 그의 얼굴에 당황스러운 표정이 스쳤다. 면담을 위해 상담실에서 마주한 그에게는 수천만 원의 빚이 있었다. 일곱 곳의 카드사에서 쓴 카드론과 현금 서비스가 눈덩이처럼 불어난 결과였다.

"그, 저… 위암 수술을 받고 나서였을 거예요. 수술을 받고 그 해에 경비 일을 하던 곳에서 나이가 많다고 그만두라고 했거든요."

그의 목소리는 작고 떨렸다. 갑작스러운 수술로 인한 병원비과 실직 후 생활비를 혼자 사는 노인이 감당하기란 쉽지 않았을 것이다. 그런데 서류를 자세히 들여다보니 단순히 의료비만의 문제는 아니었다. 그가 처음 말한 것과는 다른 면이 보였다. 병원비와 생활비 때문에 빚을 졌다고 했지만, 카드 사용 내역을 하나씩 보면 가전제품 구입과 현금서비스가 상당한 비중을 차지했다. 그것도 길지 않은 시간 동안 집중되어 있었다.

"최민석 님, 수술하신 후에 가전제품을 많이 구입하셨어요. 현금서비스도 자주 받으셨고요."

좀 더 이야기를 들어보니 당시 그에게는 교제하던 여성이 있었다. 암 수술 이듬해, 어깨 수술로 한 달 가량 입원했을 무렵 만나고 있던 분이다. 거듭된 병원 신세와 실직 등으로 외롭고 힘들었을 터, 그 시기에 곁에 있던 인연이 위로가 되었던 모양이다. 그렇게 교제를 이어가면서 그 여성이 필요하다고 하는 가전제품을 사주었고, 때로는 용돈도 주었다고 했다. 따지고 보니 빚의 주요 원인은 그 여성에게 잘 보이기 위한 지출이었던 것이다.

"좋아서 그랬지요 뭐. 오래 혼자 살았다 보니까…."

말끝이 흐려지는 것을 보며 더는 추궁하지 않았다. 그 나이가 되었다고 연애를 금지할 수 있는 것도 아니고, 누군가를 만나 마음의 위안을 얻는 것이 잘못된 일도 아니니까. 다만 그 과정에서 감당하기 어려운 지출이 생긴 것이 안타까울 뿐이었다.

"그분과는 지금도 만나고 계세요?"

"아니요. 이제 돈이 없다고 하니까 연락이 끊겼어요."

더욱 어두워진 표정을 보며 돈이 떨어지니 관계도 끝났다는 현실에 얼마나 쓸쓸함을 느끼셨을까 싶었다.

* * *

시간을 더 거슬러 올라가 보니 최민석 씨의 인생에는 또 다른 상처가 깊이 자리하고 있었다.

그는 1970년대 중반에 결혼한 후 몇 년 지나지 않았을 때부터 10년이 넘는 긴 시간 동안 원양어선을 탔다고 한다. 한번 출항하면 몇 달씩, 때로는 1년 이상 집을 떠나야 했다. 보이는 것이라고는 바다뿐인 망망대해에서 외로움과 거칠고 위험한 노동에 시달렸을 시간을 상상하니 막막했다.

"힘든 만큼 돈은 제법 벌었어요. 그래도 아이들이 클 때

옆에 있어주지 못한 건 미안하고 아쉽죠. 애들 엄마도 혼자 키우느라 얼마나 힘들었겠어요."

그는 가족을 위해, 더 나은 생활을 위해 바다로 나갔지만 정작 가족과의 관계는 점점 소원해졌다고 했다.

"배에서 내려 오랜만에 집에 들어가면 아이들이 저를 낯설어했어요. 처음에는 반가워했는데, 잠깐이더라고요. 말을 걸어도 대화가 잘 안 되니까 서로 말을 안 하게 되고요. 내가 집에 있는 게 불편했는지 밖으로 나가버리고 그랬죠. 아무래도 거친 일에 익숙해지다 보니 살갑게 대하는 것도 아니었고요."

아버지 없는 생활 패턴이 자리를 잡은 상황에서 그의 존재는 오히려 안정된 일상을 흔드는 변수였을지도 모른다.

"왕따라고 하죠. 언젠가부터는 아내가 저를 그렇게 대하더라고요. 아이들도 마찬가지였고요. 밥도 따로 먹었어요. 저는 거실에서 혼자 먹고, 아내와 아이들은 따로 먹고. 제가 집에 오면 아내는 아이들 데리고 친정에 가버리기도 하고요. 자주 그랬죠."

당시의 상황을 왕따라는 단어로 표현할 만큼 소외감이 컸던 모양이다. 가족을 위해 고생하며 돈을 벌어오는 가장이 집에서 혼자 밥을 먹어야 하는 것보다 더 서글픈 일이 있을까.

원양어선을 타기로 결정했을 때는 설마 그것이 가족과의 이별로 이어질 것이라고는 생각하지 못했을 것이다. 그의 기억 속에는 승선을 결정하고 가족에게 알리던 날이 생생하게 남아 있었다. 그때만 해도 가족들은 걱정과 아쉬움 속에 그의 결정을 이해하고 감사해하며 응원했다.

하지만 시간이 흐르면서 상황은 달라졌다. 시간은 어느새 10년을 훌쩍 넘겼고 그러는 사이 소통의 단절은 이해의 단절로 이어졌다. 서로를 위한다고 생각해 내린 결정이었지만, 실제로는 메울 수 없이 틈만 벌어지고 있었다.

"그래도 혼인 생활을 20년 넘게 유지하셨어요. 쉽지 않았을 텐데요."

"참으려고 노력했어요. 서로 참으려고 했죠. 그러다 터져버린 거죠. 결국 크게 싸우고서 갈라서기로 했어요. 아이들과도 연락을 거의 안 했어요. 그렇지 않아도 어색했는데 이혼하고 나서는 더 연락이 없어졌죠."

가족을 위해 바다로 나섰는데 그 결과 가족을 잃었다. 아이러니한 일이다. 그 선택이 잘못되었다고 말할 수는 없다. 당시에 고등학교 졸업 학력으로 높은 수입을 얻을 수 있는 직업은 많지 않았을 것이다. 그 나름대로는 최선의 선택을 한 것이다.

"경비 일은 언제부터 하셨어요?"

"애들 엄마랑 갈라서고 나서요. 나이가 있으니까 할 수 있는 일이 마땅치 않았죠 뭐."

"그런데 이전에 개인회생 기록이 있네요. 어떤 이유로 그렇게 되신 건가요?"

"사실 그때도 만나던 사람이 있었는데 좀 많이 썼어요, 돈을."

원양어선에서 내려온 최민석 씨가 얻게 된 경비원 일은 더없이 소중한 기회였다. 그리고 그 무렵 교제를 시작한 여성도 그에게는 삶의 활력이 되었을 것이다. 어르신이 씁쓸하게 웃었다. 알고 보니 같은 패턴이 이번에도 반복된 것이다. 개인회생 신청 후 5년 후에 변제를 완료해 마침내 면책 결정으로 깨끗하게 정리했는데, 몇 년 지나지 않아 비슷한 일이 벌어졌다. 두 번 모두 이성과의 교제 과정에서 생긴 과도한 지출이 문제였다.

"이제 나이가 있으니까 좀 신중했어야 하는데…."

그의 말에 자책감이 묻어났다.

"나이가 많으면 연애를 금지하는 법이라도 있나요. 잘 보이고 싶은 마음은 알겠지만, 경제적인 부분에서 신중하게 결정해야 하는 건 있겠죠."

어르신을 위로하고 싶었다. 그의 나이에도 누군가를 만나고 사랑하고 싶어 하는 마음이 잘못된 것은 아니니까.

"그러면 지금은 어떻게 생활하세요?"

"국민연금하고 기초수급비 받아서 그럭저럭 써요."

병원비와 생활비를 감안하면 넉넉하지 않은 금액이다. 암 수술 후 정기 검진도 받아야 할 테고, 청력 문제로 치료도 필요할 것이다. 혹 지금이라도 자녀들과 관계 회복을 위한 노력을 해보라고 권하고 싶지만, 말이 쉽지 사실 무척 복잡한 문제일 것이라는 생각에 말을 꺼내지 않았다. 이미 서로에게 상처가 된 상황에서 먼저 손을 내민다는 것이 얼마나 어려운 일인가.

* * *

면담을 마치며 최민석 씨를 바라보았다. 청력 문제로 대화가 원활하지 않았지만, 끝까지 내 말을 듣고 자신의 이야기를 들려주려 노력했다. 누군가와 소통하고 마음을 나누고 싶어 하는 간절함이 느껴졌다. 그런 모습에서 인간의 근본적인 외로움과 소통에 대한 갈망을 보았다. 가족의 정을 그리워하면서도 새로운 인연을 만들어가려는 그의 모습이 안타까우면서도 애틋했다. 누군가를 만나 마음을 나누고 싶은 마음, 외로움을 달래고 싶은 마음을 어떻게 탓하겠는가. 나이를 떠나 이성과의 만남을 가지다 보면 때로는 이성을 잃는 행동을 할 수 있다. 그것이 인간이고 그것이 사랑이다.

하나를 얻으면 다른 하나를 잃게 되는 것이 인생의 아이러니가 아닐까 한다. 그의 경우 돈을 얻었지만, 대신 가족을 잃었다. 반대로 이혼 후에는 마음의 빈자리를 채우려 애쓰는 과정에서 인연을 얻었지만, 돈을 잃었다.

노년층, 특히 홀로 사는 노인은 종종 경제적 착취의 대상이 되기도 한다. 그렇지 않았으리라 믿지만, 어르신과 교제했던 분이 의도적으로 그를 이용했을 가능성을 배제할 수는 없다. 이 사례를 통해 인간에게 정서적 필요와 연결이 얼마나 중요한지, 대가를 치르더라도 그 필요를 채우고 싶어 하는 마음이 얼마나 간절한 것일지 새삼 생각하게 된다.

노년의 정서적 필요와 재정적 취약성이 얽힌 이 사건을 정리하면서 나는 생각했다. 그의 인생 전체를 놓고 생각했을 때 비난만 하기 어려운 측면이 분명 있다. 평생을 고된 노동을 하며 살아온 사람이 인생의 황혼기에 다시 일어설 수 있도록 도와주는 것이 법의 역할이라고 생각한다. 이제는 조금만 더 지혜로운 방향이 무엇인지 생각해보고 선택할 수 있기를 바라는 마음이다.

우리는 홀로 살아갈 수 없다.
공동체로 살아간다.
차가운 시선을 조금만 거두고
일어서는 이들의 노력을 지켜봐주는 것은 어떨까.

2장

두 번째 기회를
위한 변론

숫자에 가려진
사연들

"변호사님, 죄송합니다. 정말 죄송합니다."

나는 죄송하다는 말을 13년 동안 수도 없이 들었다. 파산을 신청한 채무자들은 마치 죄를 지어 재판 받는 피고인처럼 주눅 든 표정으로 나를 마주한다. 그들의 눈에는 회한과 앞날에 대한 두려움이 가득하다. 서른이 갓 넘은 젊은 가장, 안정적인 직장에 다니다가 무리한 투자의 늪에 빠진 사람, 사업 실패 후 빚더미에 앉아 하루하루 독촉 전화를 받으며 숨죽여 살아온 사람. 그들의 첫마디는 하나같이 "죄송합니다"였다. 마치 빚을 졌다는 이유만으로 죄인이 되어버린 것처럼 말이다. 하지만 나는 그들에게 말한다.

"파산하게 된 것은 잘못한 것이 아닙니다. 끝이나 실패도 아니고요. 새로운 출발선에 서는 과정입니다."

그제야 얼음처럼 굳어 있던 얼굴이 풀리고, 그들의 눈빛에 아주 작은 희망이 스며든다.

* * *

서울회생법원 등에서 파산관재인으로 일하며 2,400명이 넘는 채무자들을 만나왔다. 매년 평균 약 180명의 파산 신청자를 면담했으니, 그들의 삶을 얼마나 가까이에서 들여다보았는지 가늠할 수 있을 것이다.

그동안 나는 20대부터 90대까지 각기 다른 사연을 가진 수많은 채무자들을 만났다. 평범한 회사원은 물론이고 의사, 한의사, 애널리스트, 중소기업 사장, 예편한 장교까지 그들의 면면은 참으로 다양했다. 망하는 사람은 정해져 있다고 생각하기 쉽지만, 현실은 그렇지 않다. 빚더미는 누구에게나 닥칠 수 있고, 누구라도 무너질 수 있다.

처음에는 나도 편견이 있었다. 파산을 신청하는 사람들이 어떤 모습일 것이라는 막연한 선입견 말이다. 하지만 실제로 그들을 만나보니 내가 얼마나 잘못 생각하고 있었는지 깨달았다. 그들은 단순히 '실패한 사람들'이 아니었다. 각자의 사연과 아픔을 가진, 우리와 다르지 않은 평범한 사람들이었다. 파산 신청을 한 사람들의 이야기를 들어보면, 대개 사람들이 생각하는 '게으름'이나 '방탕한 생활'보다 오히려 다음과 같은 이유들이 더 흔했다.

가족의 병간호, 배우자의 실직, 사업 실패 등 예기치 못한 경제적 위기가 가장 많은 비중을 차지했다. 개인이 통제할 수 없는 상황이 갑자기 몰아치면 삶이 송두리째 흔들리고 만다. 그렇게 다가온 갑작스러운 위기는 많은 사람을 빚더미로 몰아넣었다.

금융 지식 부족도 큰 원인이었다. 많은 사람들이 신용카드와 대출을 쉽게 이용하지만, 이에 대한 정확한 이해는 부족하다. 돌려막기를 반복하다 보면 결국 한순간에 무너질 수 있다.

인간관계에서 비롯된 배신도 적지 않았다. 믿었던 친구나 가족에게 보증을 서주거나 대출을 대신 받아주다가 모든 빚을 떠안는 경우다. 이런 경우 피해자이기도 하지만, 법적으로는 채무자가 될 수밖에 없다.

물론 과소비와 허영심, 도박 및 사행성 투자 같은 개인적 판단 실수로 인한 경우도 있다. 하지만 이런 경우에도 그 배경을 들여다보면 단순히 개인의 도덕적 해이만으로 설명할 수 없는 복잡한 사정들이 얽혀 있는 경우가 많다.

* * *

　나는 파산관재인 업무를 하며 많은 사람들이 다시 일어서는 모습을 봐왔다. IMF 부도로 모든 걸 잃었다가 재기한 사업가, 면책을 받고 다시 의료 현장에 선 의사, 파산 후 새로운 길을 찾아 인생을 바꾼 사람들. 이들의 공통점은 파산을 끝이 아닌 새로운 시작으로 받아들였다는 것이다. 물론 쉬운 일은 아니었다. 사회적 편견과 싸워야 했고, 스스로의 수치심과도 맞서야 했다. 하지만 그들은 포기하지 않았다. 우리 사회는 실패를 용납하지 않는 분위기가 강하다. 하지만 실패한 사람들에게 다시 설 수 있는 기회를 주는 것이야말로 사회가 건강하게 작동하는 방식이 아닐까?

　파산이 도덕적 해이의 수단이 되지 않도록 감시하는 것도 중요하다. 하지만 절망 속에서 손을 내밀 수 있는 제도적 장치라는 점 또한 잊어서는 안 된다. 우리가 해야 할 일은 파산한 사람들을 비난하는 것이 아니라, 그들이 다시 일어설 수 있도록 돕는 것이다. 올바른 금융 교육과 제도적 안전망이 마련된다면, 파산은 '낙인'이 아닌 '회생'의 과정이 될 수 있다.

　이 장에서 소개할 이야기들은 모두 인간다운 삶을 되찾기 위해 노력했던 사람들의 이야기이다. 우리가 파산한 사람들을 바라보는 시선을 조금만 바꾼다면, 그들이 단순한 '실패자'가 아니라 다시 일어서려는 '도전자'라는 것을 알 수 있을 것이다. 그리고 그런 시선이야말로 진정으로 건강한 사회를 만드는 첫걸음이 될 것이다.

가족이라는
버팀목 혹은 족쇄

"변호사님, 저 이번을 계기로 정말 새로운 마음으로 다시 시작하고 싶어요. 많이 도와주세요."

전화기 너머로 들리는 목소리에는 간절함과 불안이 뒤섞여 있었다. 화가인 정나래 씨는 3년 동안의 이혼 소송으로 몸도 마음도 모두 지쳐 있었다. 성대 낭종 수술을 받은 후 1년은 휴식을 해야 한다는 진단을 받은 상태인 터라 수억 원에 달하는 빚더미를 감당할 수 없었다.

"물론입니다. 그래서 파산 제도가 있는 겁니다."

나는 최대한 차분한 목소리로 답했다. 하지만 속으로는 무척 복잡한 마음이었다. 파산관재인으로 접하게 되는 사연

중 가족 문제로 인한 경우는 특별히 마음이 복잡해진다. 개인의 잘못이라기보다 가족이라는 이름으로 얽힌 복잡한 실타래 같은 문제를 풀어야 하기 때문이다.

그의 경우도 그랬다. 민항기의 기장으로 일하는 남편과 재혼했을 때만 해도 희망에 부풀어 있었을 것이다. 화가이자 심리치료사로서 안정된 중년의 삶을 그려보았을 테다.

"처음엔 정말 좋은 사람이라고 생각했어요. 아무래도 항공사에서 근무를 하니까 경제적으로 안정되어 있었고, 또 무척 신사적이었고요."

그의 목소리에 씁쓸함이 묻어났다. 하지만 결혼 생활은 생각과 달랐다. 남편의 전처와 전처 소생 자녀들의 문제, 의심스러운 여자 관계, 끊임없는 금전 문제에다 폭언까지. 그와 남편은 결혼 후 불과 몇 개월 만에 별거에 들어갔고, 이듬해 봄부터 시작된 이혼 소송은 무려 4년이나 지속되었다.

"송사 3년에 집안 망한다는 옛말이 정말 맞더라고요."

이 말에 깊이 공감했다. 소송 비용도 물론 큰 부담이 되지만 그것 때문에 망하는 게 아니다. 소송에 매달리느라 본업을 제대로 할 수 없게 되어서 기본적인 일상이 무너지기 때문이다. 화가에게 창작이라는 것은 마치 생명과도 같은 것일 텐데 법정을 오가며 스트레스에 시달리는 동안 그의 붓은 점점 멈췄다.

* * *

조민수 씨를 처음 만났을 때의 기억도 생생하다. 낡은 옷차림에도 불구하고 70대 중반이라는 연배가 믿기지 않게 반듯하고 건강한 자세로 앉아 있었다. 무엇보다 눈빛이 무척 맑았다. 힘든 상황임에도 불구하고 절망보다는 담담함이 느껴졌다.

"제가 욕심을 부렸나 봅니다. 아들이 사업을 하겠다니까 아비로서 도와야 한다고만 생각했어요."

한때 학교 급식 업체와 식당을 운영하며 남부럽지 않게 잘살았던 그였다. 1남 3녀를 모두 대학까지 보냈고, 노후 준비도 차근차근 해나갔다. 누가 보아도 모범적인 가장의 모습이었다. 그런 그에게 어느 날 둘째인 아들이 중요하게 말씀드릴 것이 있다며 찾아왔다.

"아버지, 아는 사람과 같이 사업을 좀 해보려고 해요. 그런데 그걸 시작할 자금이 부족해요."

조민수 씨 부부는 보유하고 있던 서울의 부동산을 담보로 대출을 받았다. 거기에 더해 지방의 부동산까지 담보로 내놓아 대출을 더 받았다. 사실상 평생 모은 재산을 모두 아들에게 건넨 셈이었다.

"큰딸 부부까지 대출을 받아서 동생을 도왔어요. 가족

이니까. 그때는 당연한 일이라고 생각했습니다."

하지만 아들의 동업자가 수억 원을 챙겨 도망가면서 모든 것이 무너졌다. 더 놀라운 것은 아들마저 가족과 연락을 끊고 사라진 것이다. 죄책감 때문이었을까, 수치심 때문이었을까. 부모와 형제들을 파탄으로 몰고 간 무게를 감당할 수 없었던 것일까.

"지금은 어디서 뭘 하고 있는지도 모르겠습니다. 하지만 원망하지는 않습니다. 그 아이도 힘들겠죠. 어디에서 누구와 지내는지 걱정이 될 뿐입니다."

이 한마디 말 속에서 부모의 마음이 고스란히 느껴졌다. 그는 모든 재산을 잃은 후 컨테이너로 만든 집에서 생활하게 되었지만, 사라진 아들을 원망하기보다는 걱정하는 마음이 더 컸다.

* * *

송은영 씨의 사연은 또 달랐다. 50세인 그는 19세의 나이에 임신을 하면서 시작된 결혼 생활부터 고단함의 연속이었다. 고등학교도 중퇴한 채 출산 후 14년 동안 남편의 가정폭력과 외도에 시달려야 했다. 결국 남편과 이혼했을 때 그의 나이는 30대 초반이었고, 두 아이는 10대 초반이었다.

"고등학교도 졸업하지 못한 제가 아이 둘을 혼자서 어떻게 키워야 할지…. 그땐 정말 막막했어요."

제주도에서 뭍으로 올라온 그는 안정적인 일자리를 구하지 못한 채 여기저기를 전전했고, 몇 년 후 유흥주점에서 일하기 시작했다. 두 아이를 뒷바라지하기 위해 어쩔 수 없이 선택한 일이었다.

쉽지 않은 날들을 견디던 중 손님으로 만난 남자로부터 심한 스토킹을 당하면서 상황은 더욱 악화되었다. 정신적 고통은 물론이고 질환까지 생겨 더는 일을 할 수 없게 되었다. 설상가상으로 성형수술 부작용으로 재건 수술까지 받게 되면서 부족한 병원비와 생활비를 카드로 돌려막기 시작했다.

"한 번 꼬이기 시작하니까 계속 꼬이더라고요. 안 풀리는 사람은 정말 끝까지 안 풀리는구나 싶었어요."

그의 말에는 여전히 깊은 체념이 섞여 있었다. 하지만 그런 그도 딸의 간곡한 부탁을 듣고 삶을 포기하려 했던 마음을 돌렸다고 했다. 우리를 봐서라도 포기하지 말고 다시 시작하자고, 파산이라도 신청해서 빚을 정리하고 새로 시작하자며 애원한 딸의 간절한 말이 그에게는 가느다랗지만, 끊어지지 않는 질긴 희망의 끈이 되었다.

* * *

이 세 사람의 이야기를 들으며 나는 가족에 대해 생각하게 되었다. 가족은 우리를 지탱해주는 가장 든든한 버팀목이 되지만, 때로는 우리를 나락으로 끌어내리는 족쇄가 되기도 한다.

정나래 씨에게 재혼은 새로운 가족을 형성하고 안정을 되찾으려는 시도였지만, 결과적으로는 파멸의 시작이 되고 말았다. 조민수 씨에게 아들을 돕는다는 것은 부모의 당연한 도리였지만, 그 선택이 가족 전체를 위기로 몰고 갔다. 송은영 씨는 가족을 위해 모든 것을 감내했지만, 그 과정에서 점점 자신을 잃어갔다.

그렇다고 이들의 사연 속에 절망만 존재하는 것은 아니다. 조민수 씨는 파산과 면책 절차가 모두 종료된 후 여러 차례 감사 인사를 전해왔다. 나는 관재인으로서 규정된 절차를 따라 할 일을 한 것뿐인데 말이다. 게다가 비슷한 처지의 지인들이 있으면 내게 소개해주기도 했다. 자신의 경험을 통해 다른 이들을 돕고 싶어 하는 그의 마음이 오롯이 전해졌다.

"변호사님 덕분에 다시 살아갈 수 있게 됐어요. 이제 남은 아이들과 더 평안하게 지내려고 합니다. 감사합니다."

그의 목소리에는 평화로움이 있었다. 비록 모든 것을 잃었지만, 오히려 마음의 짐은 덜어낸 것 같았다. 사라진 둘째 아들 때문에 마음은 아프지만, 나머지 자녀들과의 관계는 오히려 더욱 깊어졌다고 했다. 절체절명의 위기 상황에서 서로를 지키겠다는 같은 마음이 가족이라는 끈을 더욱 견고하게 만든 것이다.

송은영 씨도 면책허가 후 이전과는 많은 부분이 달라졌다. 갑상선암 수술을 받으면서도 "이제 빚 걱정은 없으니 치료에만 집중할 수 있게 되어서 정말 다행"이라고 말했다. 사실 여전히 쉽지 않은 상황에 놓여 있지만, 절망으로만 가득했던 예전과는 확연히 다른 모습이었다.

그가 절망의 늪에서 벗어날 수 있었던 결정적인 힘은 딸의 지지였다. 그의 딸 또한 엄마가 재기를 위해 노력하는 모습과 그 과정을 곁에서 지켜보며 한층 더 성숙한 모습으로 성장한 것 같다며 감사해했다.

정나래 씨는 면책허가 후 마음의 평안을 되찾고 한결 편안한 모습을 보여주었다. 건강도 회복했고 그림도 다시 그리기 시작했다는 반가운 소식을 전하며 이렇게 메시지를 보내왔다.

이번에 국제아트페어에 특별 초대 작가로 초청을 받았어요.

정말 오랜만의 일이라 너무 기뻐요. 변호사님, 늘 잊지 않겠습니다. 마음 깊이 감사드려요.

* * *

공동체의 의미를 중요하게 생각하는 한국 사회에서 가족은 개인에게 막대한 영향을 미칠 수밖에 없다. 가족을 위해서라면 무엇이든 희생할 수 있다고 생각하고, 가족의 문제는 곧 나의 문제가 되기도 한다. 이런 이유로 때로는 개인을 파탄으로 끌고 들어가기도 하지만, 동시에 위기의 순간에서도 서로 흔들리지 않도록 지탱해주는 든든한 힘이 되기도 한다.

법조인으로 살다 보면 늘 차가운 법리를 보기 마련이다. 그러는 중에도 파산관재인으로 일할 때는 사건 뒤에 숨어 있는 따뜻한 인간의 이야기를 보게 된다. 특히 가족과 관련된 사건을 다루면서 매번 느끼는 것은 법도 결국 사람을 위한 것이어야 한다는 점이다.

파산 제도는 감당할 수 없는 빚의 족쇄를 풀어 다시 일어설 수 있도록 도와준다. 그 과정에서 가족이라는 이름으로 얽힌 복잡한 관계는 때로는 정리되기도 하지만, 대부분은 더욱 돈독해진다. 파산관재인으로서 이런 순간들을 목격

할 때마다 뭉클해진다. 법정에서는 볼 수 없었던 인간의 복원력과 가족의 힘을 보게 되니까. 그리고 무엇보다 어떤 상황에서든 다시 시작할 수 있다는 희망을 확인하게 되니까.

보이는 것이
전부는 아니다

"변호사님, 그분이 또 오셨어요."

직원의 목소리에 담긴 미묘한 긴장감이 느껴졌다. 이철민 씨가 또 사무실에 나타났다는 뜻이었다. 시계를 보니 오후 4시. 오늘은 비교적 늦은 편이었다. 어떤 날은 아침부터 찾아와서 점심 때까지 머물다 가기도 했으니까.

그는 굴삭기 기사 출신으로 건설기계 대여업을 하다가 건설 경기가 얼어붙으면서 사업 운영에 어려움을 겪었다. 이에 더해 과도한 음주와 앓고 있는 양극성 장애로 인해 정상적인 경제활동도 불가능한 상황이었다. 이렇게 여러 어려움들이 겹치면서 환갑을 넘은 나이에 파산 신청을 하게 된 경우였다.

"어렵게 일용직 일을 나가서 조금씩 돈을 벌기도 했는데요. 고정적이지도 않았고, 얼마 되지 않다 보니 그냥 제가 쓰고 말았어요. 그거라도 집에 생활비로 주었으면 좋았을 것을. 그랬으니 애 엄마가 저를 싫어하는 건 어쩌면 당연한 일이죠."

양극성 장애를 가진 그는 만날 때마다 감정 상태가 극과 극을 오갔다. 어떤 날은 새로운 일자리에 대한 이야기를 열정적으로 하다가도, 다음 방문에서는 완전히 가라앉아 침울한 모습을 보이고는 했다. 그가 사무실에 찾아왔다는 이야기를 들으면 오늘은 감정이 어떨지, 어떤 이야기를 꺼내놓을지 궁금함과 걱정하는 마음이 동시에 들었다.

면담을 하다 보면 그의 이야기가 갑자기 다른 주제로 넘어가는 일이 잦았다. 현실적이지 않은 계획들을 쏟아내기도 했고, 때로는 자신의 과거 중장비 운전 실력에 대해 자랑을 쏟아내기도 했다. 그 말들 속에서 한때는 실력 있는 중장비 기사로 오랜 기간 일했다는 나름의 자부심 가득한 마음을 엿볼 수 있었다.

이철민 씨는 그 후로도 계속 사무실에 찾아왔다. 마주할 때마다 매번 상태가 달랐지만, 자신이 현재 어떤 상황에 처해 있는지 정확하게 인지하고 있었다. 나는 점차 그의 이야기에 귀를 기울일 수 있었다. 그의 경우 다행히 채무 금액이 크지 않았고, 채권자도 한 곳뿐이어서 절차가 비교적 순조롭게 진행되었다. 결국 최종적으로 면책허가를 받을 수 있었다.

"변호사님, 정말 감사합니다. 이제 새로 시작할 수 있을 것 같아요."

이철민 씨는 면책허가 결정 후 진심으로 기뻐했다. 그 순간 나는 여러 어려움을 겪고 있는 그에게 분명히 다시 일어서고 싶어 하는 의지가 있다는 것을 느꼈다.

* * *

2~3년 뒤, 특이한 분위기의 채무자와 면담을 하게 되었다. 임성택, 40대. 서류상으로 보니 과거에 이른바 '조직'에 몸담고 있던 이력을 가지고 있는 사람으로 중학교 중퇴 학력에 쌍둥이 자녀들이 어릴 때부터 건강이 좋지 않다고 기록되어 있었다.

"변호사님, 임성택 씨 오셨는데 어떻게 할까요?"

직원의 목소리에서 이철민 씨와는 다른 종류의 긴장감이 느껴졌다. 아무래도 그의 옛 이력 때문이었을 것이다. 솔직히 말하면 나 역시 긴장이 좀 되었다.

"들어오라고 하세요."

문이 열리며 들어온 그의 모습은 상상한 것과 사뭇 달랐다. 키는 그리 크지 않았고, 얼굴에는 미안함과 조심스러움이 가득했다. 인사를 할 때 고개를 깊이 숙이는 모습에서 오히려 소심함이 느껴지기도 했다.

"안녕하세요, 임성택입니다. 변호사님께 폐를 끼치는 것 같아서 죄송합니다."

"아니에요, 별말씀을요. 편하게 앉으세요. 서류를 통해 어느 정도 확인은 했습니다. 하고 싶은 얘기가 있으면 편하게 하세요."

그는 한참을 망설이다가 천천히 입을 열었다.

"철없던 과거에 좋지 않은 일을 좀 많이 하고 다녔습니다. 젊었을 때 잘못된 길로 빠져서 조직 생활을 좀 했어요. 그런데 결혼을 하고 아이들이 생기면서 정신을 차리게 됐습니다."

그의 목소리는 점점 작아졌다. 특히 아이들 이야기를 할 때는 더욱 그랬다.

"아이들이 둘 다 아픕니다. 첫째는 어릴 때 심장 수술을 받았고, 둘째는 선천적인 장애를 가지고 태어났어요. 그래서 더 열심히 살아야 한다고 생각했는데…."

그는 잠시 말을 멈췄다. 눈가가 붉어지는 것을 숨기려

하는 듯했다.

"한때 수상 스키장을 운영했었습니다. 그런데 어느 해 여름, 큰 사고가 났어요. 저희 직원이 실수를 해서 손님께서 돌아가셨어요."

"그런 일이 있었군요. 많이 힘드셨겠어요."

"그 일로 모든 게 무너졌습니다. 그런 일이 있다 보니 손님들도 다 끊기고, 임대료도 못 내서 결국 폐업을 하게 됐어요. 지금은 아는 분이 운영하는 곳에서 배 수리 일을 하면서 근근이 살고 있습니다."

그의 이야기를 들으며 한때 조직폭력배 생활을 했다는 낙인이 한 사람의 인생을 얼마나 단순화시키는지, 그를 제대로 설명하는 데 얼마나 방해가 되는지 깨달았다. 내 앞에 앉아 있는 사람은 아픈 딸들에 대한 책임을 피하지 않고 열심히 살고자 노력하는 아버지였고, 사업 실패와 사고의 트라우마로 고통을 받고 있는 사람이었다.

"변호사님, 제가 과거에 나쁜 일을 많이 해서 사람들이 저를 무서워하는 건 당연합니다. 하지만 이제는 정말 다르게 살고 싶습니다. 아이들한테 부끄럽지 않은 아버지가 되고 싶어요. 비록 아내와는 이혼했지만, 아이들이 저를 자랑스러워할 수 있는 아버지가 되기를 바라고 있어요. 변호사님, 제가 이런 일로 신세를 지게 돼서 정말 죄송해요."

"아니에요. 파산관재인으로서 제가 해야 할 일입니다. 괜찮습니다."

"제가 과거에 나쁜 일을 했던 사람이라서 변호사님이 부담스러우실 텐데요."

"과거는 과거예요. 최소한 지금 제가 보고 있는 임성택 님은 전혀 다른 사람인 것 같은데요."

나는 그가 정말로 변화하고 있다는 것을 확신했다. 과거의 잘못된 선택들이 절대로 현재의 그를 규정할 수 없다는 것도 확신할 수 있었다.

* * *

두 사람을 만나면서 나는 선입견이라는 것의 무서움을 다시금 깨달았다. 이철민 씨는 양극성 장애 치료 이력과 예측하기 어려운 행동 패턴 때문에 만날 때마다 불안했다. 임성택 씨의 경우 혹시라도 그의 심기를 건드리면 폭력적으로 변하는 것은 아닐지 걱정했던 것도 사실이다. 그렇지만 서류를 보며 예상한 그들의 모습과 실제는 많은 것이 달랐다.

이철민 씨는 건강의 어려움까지 겹쳐 쉽지 않았을 텐데 자신의 상황을 정확하게 바라보고 새롭게 시작하려는 의지가 강했다. 한때는 뛰어난 기술자였고, 지금도 새로운 일을 배우고 도전하려는 마음을 가진 사람이었다.

임성택 씨는 절차가 진행되는 과정에서 단 한 번도 목소리를 높이거나 화를 낸 적이 없었다. 오히려 매번 "죄송합니다", "감사합니다"라는 말을 연발하고는 했다. 어긋났던 과거를 반성하며 확실하게 단절하고 부모로서, 한 사람으로서 책임 있게 살고자 하는 의지도 변함없이 보여주었다.

"사람을 겉으로 보이는 모습으로만 판단하면 안 되겠어요."

어느 날 직원이 이렇게 말했다. 시간이 지나면서 우리는 그렇게 사람을 보는 인식이 바뀌고 있었다.

사람은 겉모습이나 이력서에 적힌 몇 줄의 글, 몇 개의 키워드만으로 규정할 수 있는 존재가 아니다. 이 두 사람을 만나면서 나는 다시 한번 그 진리를 깨달았다. 선입견을 버리고 진짜 사람을 보려고 노력할 때, 비로소 진정한 도움을 줄 수 있다. 그들이 내게 준 가장 큰 선물은 바로 그것이었다. 사람을 보는 새로운 눈, 그리고 누구든지 다시 시작할 수 있다는 희망 말이다.

삼모작
인생의 무게

정민석 씨와의 첫 번째 면담을 준비할 당시, 사전에 제출된 자료를 다시 살피며 조금은 걱정이 되었다. 아흔을 넘겨 백 세를 바라보는 그와 원활하게 대화를 할 수 있을까 걱정이 되기도 했고 어쩌면 거동이 힘들 수도 있을 테니 자녀분들과 함께 방문할 수도 있겠다 싶었다. 그렇게 된다면 그 혼자 방문하는 것보다는 의사소통이 원활할 텐데. 그렇게 이런저런 생각을 하며 그를 기다렸다.

면담을 위해 사무실에 들어서는 그를 보며 나는 잠깐 멈칫했다. 머리는 하얗게 세었지만 허리는 꼿꼿했고, 깔끔하게 다림질된 셔츠에 넥타이까지 단정하게 맨 그는 혼자 방문했다.

"안녕하세요, 정민석 님. 파산관재인 왕미양입니다."

"안녕하십니까. 이런 일로 뵙게 되어 죄송합니다."

그는 고등학교를 졸업하고 26년간 공무원으로 일했고, 퇴직 후에는 건설업으로 제2의 인생을 시작했다. 그것도 모자라 여든을 앞둔 나이에 노량진에 행정사 사무소를 차렸다고 했다. 무려 '삼모작' 인생이었다.

"여든이 다 되어서 새로운 일을 시작하셨군요."

"그랬죠. 주변에서 다들 미쳤다고 했어요. 근데 나는 할 수 있을 것 같더라고요."

그분의 웃음에는 묘한 힘이 있었다. 파산 절차를 밟고 있는 상황인데도 여전히 밝은 미소를 잃지 않으셨다.

* * *

"공무원 생활을 오래 하셨는데, 그만두신 이유가 무엇이었나요?"

"안정적이었죠. 몸은 편했지만 뭔가 아쉽고 재미가 없었어요. 내가 정말 하고 싶은 일을 해본 적이 없다는 생각이 들더라고요."

그는 26년 공무원 생활을 마치고 퇴직금으로 건설업에

뛰어든 이야기를 들려주었다. 다세대주택 신축 사업이었는데, 처음에는 운이 좋았다고 했다.

"그때는 정말 잘됐어요. 돈도 제법 벌었고요. 자식들한테 '아빠가 사업 수완이 있나 보다' 하는 소리도 들었죠."

하지만 건설 경기가 나빠지면서 상황이 달라졌다. 한두 번 실패가 반복되자 결국 모아둔 재산을 모두 잃게 되었다. 그뿐만 아니라 자녀들과 지인들에게까지 피해를 입혔다.

"많이 힘드셨겠어요."

"힘들었죠. 근데 어쩌겠어요. 이미 엎질러진 물인데. 그래서 다시 시작한 거예요."

그렇게 시작한 것이 행정사 일이었다. 과거 공무원 경력으로 취득한 행정사 자격증으로 그 나이에 새로운 도전을 한 것이다.

"노량진역 근처에 작은 사무실을 얻었어요. 처음에는 손님이 별로 없더라고요. 그런데 성실하게 하다 보니까 단골들이 생기기 시작했어요. 나이를 먹어서도 매일 출근하고 내 힘으로 일해서 돈을 벌 수 있다는 것이 정말 좋았죠."

행정사 사업이 어느 정도 자리를 잡아갈 무렵 큰 시련이 찾아왔다. 부인이 혈액암 진단을 받은 것이다.

"하늘이 무너지는 것 같았어요. 그런데 우리 마누라가 참 대단한 사람이에요. 오히려 저를 위로하더라고요. '괜찮다, 치료 잘 받으면 나을 수 있다'라고요."

그렇게 긴 투병생활이 시작됐다. 처음에는 행정사 사무소 수입으로 치료비 정도는 충당할 수 있을 거라고 생각했다. 하지만 병원비는 생각보다 훨씬 많이 들었다.

"치료비가 한 달에 수백만 원씩 나가더라고요. 처음에는 적금을 깨서 썼는데, 그것도 금세 바닥났어요. 그래서 어쩔 수 없이 카드를 쓰기 시작했죠. 신용카드로 현금서비스를 받아 병원비를 내고, 그 카드값을 다른 카드로 돌려막는 악순환이 반복됐어요. 저도 이렇게 하는 것이 위험하다는 것은 알았지만, 당시에는 다른 방법이 없었어요. 자식들한테 도움을 청하기에는 이미 사업 실패로 미안한 마음이 컸거든요. 그리고 치료만 잘 받으면 나을 거라고 생각했어요. 그럼 다시 열심히 일해서 갚으면 되니까요."

하지만 아내의 병세는 호전되지 않았다. 오히려 악화일로를 걸었다. 그리고 이듬해 봄, 3년간의 투병 끝에 아내는 결국 세상을 떠났다.

"그때가 가장 힘드셨을 것 같습니다."

"네. 마누라도 보내고, 빚은 눈덩이처럼 불어나고. 정말 막막했어요. 행정사 사무소도 더 이상 운영할 수 없었고요."

정민석 씨가 파산을 신청하기까지는 몇 달의 고민이 있었다.

"정민석 님 연세에 파산 신청을 한다는 게 쉬운 결정은 아니었을 텐데요."

"그렇죠. 자존심도 상하고. 그렇지만 이제는 그만 법적으로 다 정리해야겠다 싶었어요."

살던 집을 떠나 막내아들의 집에서 함께 살게 되면서 파산 신청을 결심했다고 했다. 그런데 한 가지 문제가 있었다. 전에 살았던 공공임대주택의 보증금을 막내아들 명의로 된 그 집의 보증금으로 쓴 것이다. 이는 재산 은닉으로 의심을 받을 여지가 있었다.

"큰돈은 아니지만, 파산을 신청하면서 막내한테까지 피해를 줄까 봐 밤잠을 설쳤어요."

나는 이 부분과 관련해 그동안 경험했던 것을 바탕으로 안심시켜드렸다. 파산 제도의 근본 취지는 채무자의 경제적 재기와 갱생을 돕는 것이다. 아무리 빚의 상환 의무를 면책한다고 하더라도 기본적인 생활조차 할 수 없도록 모든 것을 처분한다면 진정한 새출발이 불가능하기 때문이다. 그래서 법은 최소한의 생계유지에 필요한 재산들은 면제재산으로 정하고 있다.

주거용 임차보증금도 이에 해당한다. 서울시의 경우 일정 금액까지는 보호를 받는다. 게다가 6개월간의 생계비도 별도로 인정하고 있다. 모든 것을 잃고 길거리에 나앉게 하는 것이 아니라 최소한의 터전에서 다시 일어설 기회를 주는 것이다. 그분의 나이와 건강 상태 그리고 지금까지의 성실한 삶을 종합해보니 답은 명확했다.

"정민석 님, 걱정하지 마세요. 이 보증금은 파산 제도에서도 법적으로 보호를 받는 재산입니다."

"정말요? 막내한테 피해가 안 가요?"

"네, 맞습니다. 정민석 님께서 기본적인 생활을 유지하면서 새출발을 할 수 있도록 법이 보장하고 있기 때문이에요. 정민석 님 연세에도 이렇게 꿋꿋하게 살아가시는 분께 최소한의 안전망은 있어야 한다고 생각해요."

그의 얼굴에 안도의 표정이 스쳤다. 그리고 늦은 봄 무렵, 다행히 면책허가 결정을 받았다.

면담 절차가 진행되는 동안 그분을 만날 때마다 늘 감탄했다. 아흔이 넘는 나이에도 약속 시간을 정확히 지키셨고, 항상 단정한 차림으로 혼자서 대중교통을 이용해 사무실을 찾아오셨다.

"매번 지하철을 타고 오시는 거예요?"

"네, 아직 팔팔해요. 하하."

정말 놀라운 분이었다. 나보다 나이가 훨씬 많은 분이 오히려 더 에너지가 넘치는 것 같았다.

"정민석 님, 비결이 뭔가요?"

"글쎄요. 그냥 매일 감사하는 마음으로 살고자 노력해요. 오늘 하루도 건강하게 보낼 수 있다는 것만으로도 감사한 일이잖아요."

그의 말에 나도 모르게 고개를 끄덕였다. 파산이라는 힘든 상황에서도 긍정적인 마음을 잃지 않는 모습이 인상적이었다.

* * *

그로부터 몇 년의 시간이 흘렀다. 어느 날, 휴대전화에 낯익은 번호로 전화가 걸려왔다.

"왕 변호사냐?"

목소리는 정민석 님이었지만, 무언가 예전과 달랐다. 목소리가 좀 더 가늘어지고 불분명했다.

"왕미양 변호사입니다. 정민석 님이세요?"

"왕 변호사냐?"

그렇게 같은 질문을 반복하셨다. 몇 번 더 대화를 시도했지만, 계속 같은 말씀만 하셨다. 아무래도 치매가 시작된 것 같았다. 그때 그분의 연세는 100세였다.

전화를 끊고 나서 한참 생각에 잠겼다. 공무원으로 시작해 사업가, 행정사까지. 정말 치열하게 살아온 삼모작 인생이었다. 아흔이 넘어 파산을 신청하면서도 꼿꼿함을 잃지 않았던 그. 파산관재인으로 일하면서 많은 사람들을 만났지만, 그처럼 인상 깊은 분도 드물다. 나이가 들수록 보수적으로 변하기 마련인데, 그는 노년에도 새로운 도전을 멈추지 않았다. 실패를 겪어도 좌절하지 않고 다시 일어서려 했다. 무엇보다 마지막까지 감사한 마음을 잃지 않았던 것이 특히 기억에 남는다. 파산이라는 어려운 상황에서도 "오늘 하루도 건강하게 보낼 수 있어서 고맙다"라고 말씀하시던 모습. 그 순간 나는 진정한 어른이 무엇인지 배웠다.

요즘 젊은 사람들이 '인생 100세 시대'라는 말을 부담스러워한다는 이야기를 들었다. 그렇게 오래 살면 뭘 하며 지내야 할지 막막하다는 것이다. 하지만 그를 보면 100세까지의 인생이 결코 길기만 한 것은 아니라는 생각이 든다. 다만, 그의 파산 사유인 배우자 의료비 문제는 우리 사회가 함께 고민하고 해결할 과제이기도 하다. 평생 성실하게 살아온 사람이 가족의 병환으로 경제적 어려움에 처하는 일이 없어야 한다.

나는 종종 그를 떠올린다. 특히 어려운 일이 생겼을 때면 더욱 그렇다. "오늘 하루도 건강하게 보낼 수 있어서 감사하다"라던 그의 이야기가 나에게는 힘이 된다. 나이가 들수록 더 긍정적으로 변하고, 더 감사한 마음을 갖게 되는 것, 어쩌면 그것이 진정한 성숙함이 아닐까.

　그가 지금도 건강하게 지내고 있기를 간절히 바란다. 그리고 언젠가 다시 만날 수 있다면, 이번에는 더 좋은 이야기를 듣고 싶다.

인생에서
도망치지 않은 이유

오랜만에 연락이 닿은 한진우 씨는 여전히 밝고 힘 있는 목소리를 들려주었다. 전화를 끊으면서 처음 그를 만났던 날을 떠올렸다. 벌써 몇 년이 지난 일이지만 지금도 생생하다.

첫 번째 면담을 위해 방문한 그는 내 사무실 문을 조심스럽게 두드렸다. 부인 송미영 씨와 함께였다. 목소리에는 힘이 없었지만, 그럼에도 어딘가 단단한 구석이 있어 보였다. 두 사람 모두 70대 중반이었는데, 세월의 무게가 어깨 위에 고스란히 얹혀 있는 듯했다. 나는 차를 대접하며 그들의 이야기를 듣기 시작했다.

"1980년에 작은 전기 수리업체를 인수했어요. 처음엔 정말 작았어요. 그때만 해도 직원이 저까지 해서 네 명뿐이었어요. 전기 고장 수리하고, 간단한 설비 공사 받아서 하고. 그런데 열심히 하니까 입소문이 나더라고요."

한진우 씨의 목소리가 조금씩 힘을 얻기 시작했다. 과거 이야기를 하는 그의 표정에서 한때는 자신만만했던 사업가의 모습을 엿볼 수 있었다. 그의 말에 송미영 씨가 미소를 지으며 덧붙였다.

"정말 열심히 살았어요. 새벽 5시에 일어나서 밤 10시까지 일하는 게 당연했죠. 저도 애들 키우면서 경리 일까지 했어요. 그러면서 회사가 점점 커진 거예요. 상호도 바꾸고, 냉동 설비 전문 업체로 자리를 잡았죠."

한진우 씨는 당시를 회상하며 자부심 어린 표정을 지었다.

"한창때는 직원 수가 스무 명을 넘었어요. 도시의 큰 병원이나 호텔 냉동 설비도 우리가 다 했으니까요. 회사 이름도 규모에 맞게 다시 바꾸고 정말 잘나갔죠. 그러다 1997년 말이 되었을 때 IMF가 터졌어요. 그때까지만 해도 설마 우리나라가 이렇게 될 줄은 몰랐거든요. 정말 하루아침에 세상이 바뀌었어요. 하루아침에. 은행에서는 대출 회수한다고 난리였고, 거래처들은 어음을 받아주지 않으려 하고, 그런데 직원들 월급은 줘야 했고, 임대료도 내야 했고…."

당시 상황이 얼마나 절망적이었는지 그의 표정에서 고스란히 드러났다. 그 시기를 살았던 모두가 기억하듯 IMF 외환위기는 개인이 감당하기에 너무도 거대한 파도였다. 아무리 성실하게 살아온 사람이라도 그 앞에서는 속수무책일 수밖에 없었다.

"정말 죽을 맛이었어요. 20년 가까이 쌓아온 게 순식간에 무너지는 기분이었죠. 어떻게든 위기를 극복하려고 사채업자에게서 돈을 빌렸어요. 어음 할인을 받아 마련한 자금으로 새로운 활로를 찾으려고도 했고요. 그때 학교 급식 사업이 뜬다고 하더라고요. 그래서 거기에 투자했어요. 자동차 수출 사업도 해봤고요."

하지만 전문성도 없고 자금도 부족한 상황에서 새로운 사업이 성공하기는 어려웠다. 지금 생각해보면 그 업계에 대해서는 아는 게 없었는데 무모했던 것도 같고 너무 급했던 것은 아니었나 싶다고 했다. 설상가상으로 사채업자들의 독촉이 시작된 것도 그 무렵이었다.

"밤에 잠도 못 잤어요. 전화 벨소리만 울려도 가슴이 어찌나 철렁하던지…."

당시를 회상하는 송미영 씨의 목소리도 가늘게 떨렸다. 부부는 새천년을 맞으면서 법인을 새로 만들고 재기를 시도했지만 역부족이었다. 빚은 눈덩이처럼 불어났고, 보증을 선 부인까지 채무자가 되었다. 결국 부도가 나면서 모든 것이 끝났다. 하지만 부부는 포기하지 않았다. 파산 신청을 하면서도 생계를 위해 폐지를 모으기 시작했다.

"처음엔 부끄러웠어요. 한때 직원 스무 명 거느렸던 사장이 폐지를 줍다니. 그런데 며칠 지나니까 생각이 달라지더라고요. 떳떳하게 돈 버는 건데 부끄러워할 것 없다고 생각하기로 했어요."

처음 인사를 나누었을 때 무척 위축되어 보였던 부부는 면담을 할수록 마음을 열었다.

"변호사님, 저희 같은 경우에도 면책허가를 받고 다시 시작할 수 있겠죠…?"

"물론입니다. 면책허가로 결정되면 빚의 무게에서 벗어날 수 있어요. 새로운 출발을 할 수 있는 겁니다."

한진우 씨의 눈이 반짝였다. 70대 중반의 나이에도 '새로운 출발'이라는 말에 희망을 품는 모습이 인상적이었다.

* * *

부부는 필요한 서류를 빠짐없이 제출했고, 파산관재인 면담에도 성실하게 응했다. 부부는 면담을 모두 마치고 내게 고마움을 전했다.

"변호사님 덕분에 희망이 생겼어요. 정말 감사합니다. 변호사님의 목소리를 들으면 불안하고 힘들었다가도 마음이 편해졌어요."

그들의 순수한 감사 인사를 받을 때마다 마음이 따뜻해졌다. 13년간 파산관재인 일을 하면서 만난 수많은 사람들 중에서도 이렇게 고마워하는 사람은 드물었다.

면책 결정이 나온 후 나는 부부에게 연락해 사무실에 오래된 헌책들과 쓰지 않는 종이 박스, 폐지들이 많이 쌓여 있어서 정리하려고 하는데 필요하면 가져가셔도 좋겠다고 했다. 연락을 받은 한진우 씨는 작은 트럭을 가지고 와서 쌓여 있는 것들을 가져갔다.

"변호사님, 이렇게까지 마음을 써주실 거라고는 생각하지 못했어요. 정말 고맙습니다."

한진우 씨를 파산관재인으로 만난 지 벌써 몇 년이 흘렀다. 그동안 몇 번의 안부 전화를 나누었다. 그는 늘 그랬듯 항상 밝고 맑은 목소리를 들려주었다. 얼마 전부터는 오래전에 함께 일을 했던 지인들의 도움 덕분에 폐지 수집보다 냉동설비 일을 더 많이 하고 있다는 반가운 소식을 전해왔다. 분명 그 지인들은 지난날 그로부터 도움을 받았던 사람들일 것이다. 나는 이 부부의 모습을 떠올릴 때마다 마음이 따뜻해짐을 느낀다. 파산이라는, 어쩌면 인생 최악의 순간을 맞았지만 그것을 디딤돌로 삼아 새로운 삶을 개척해나가는 모습이 정말 대단하다 싶다. 그들이 보여준 것은 단순한 성실함이 아니라 어떤 상황에서도 굴복하지 않는 인간의 존엄성이었다.

나는 종종 생각한다. 만약 내가 그와 같은 상황에 처한다면 과연 그렇게 긍정적으로 살 수 있을까? 70대 중반의 나이에 모든 것을 잃고도 "다시 시작할 수 있다"라며 희망을 잃지 않을 수 있을까? 아마 쉽지 않을 것이다. 하지만 이들을 보면서 배운 게 있다. 진정한 성공은 넘어지지 않는 것이 아니라 넘어져도 다시 일어서는 것이다. 나이는 숫자에 불과하고, 마음만 젊으면 언제든 새로운 시작이 가능하다.

지금도 이 부부는 어디선가 오늘을 열심히 살아내고 있을 것이다. 그 누구보다 당당하고 아름다운 모습으로. 그들의 모습을 생각하면 저절로 미소가 지어진다.

누가 알았을까,
세상이 이렇게 변할 거라고

전화 너머로 들려오는 목소리는 지쳐 있었지만 어딘가 담담했다. 윤태현 씨였다. 파산 절차가 한창 진행 중이던 어느 가을이었다.

"변호사님, 제가 뭘 잘못한 걸까요?"

"윤태현 님이 잘못하신 게 아닙니다. 세상이 생각보다 빨리 바뀐 것뿐이죠."

나는 그렇게 답했다. 그리고 실제로 그랬다. 윤태현 씨는 잘못한 게 없었다. 다만 세상의 변화가 그가 예상했던 것보다 훨씬 빠르게 진행되었을 뿐이었다.

그는 1970년대 말부터 아버지 밑에서 시계 사업을 배우다 아버지가 돌아가신 후 사업을 물려받아 성실하게 이어 왔다.

"세상이 이렇게 빨리 바뀔 줄은 몰랐어요. 사람들이 시계를 이렇게까지 안 찾을 줄은…."

맞다. 누가 알았겠는가. 2000년대 초반만 해도 손목시계는 필수품이었다. 시간을 확인하려면 시계를 봐야 했고, 시계는 단순한 실용품을 넘어 패션의 일부이기도 했다. 하지만 휴대폰이 대중화되고, 곧이어 스마트폰까지 등장하면서 시계의 필요성 자체가 급격히 줄어들었다.

"매출이 반토막 나고, 얼마 지나지 않아 반토막 난 것에서 또 반토막이 났어요. 중동 쪽 거래처들도 민주화 바람 때문에 데모가 계속되니까 주문이 뚝 끊어졌고요…."

위기를 느낀 그는 나름대로 최선을 다했다. 부동산을 팔아 사업 자금을 만들었고, 심지어 고리의 사채까지 빌렸다. 하지만 봄이 지나갈 무렵, 주요 거래처가 부도를 맞으면서 더는 버틸 수 없게 되었다.

* * *

같은 시기, 강남의 신사동에서 양복 사업을 하던 조명호 씨에게도 비슷한 일이 벌어지고 있었다. 그가 1990년대부터 시작한 맞춤 양복 사업은 한창 잘 나가던 때도 있었다. 방송국에 예복을 납품했고, 전국 예식장과도 정기 거래를 하며 인지도를 쌓아온 터였다. 2000년대 초반에는 신사동으로 매장을 확장해 이전할 정도로 사업은 번창했다.

인근 가로수길이 유명해짐과 동시에 임대료가 갈수록 올랐다. 하지만 그에 비해 매출은 제자리걸음이었다. 아니, 오히려 줄어들고 있었다. 경기가 어려워지면서 결혼식을 간소하게 치르려는 분위기가 조금씩 자리를 잡고 있었고, 맞춤 예복을 주문하는 사람들도 줄어들었다.

"논현동은 임대료가 그나마 괜찮으니까 그쪽으로 자리를 옮겼어요."

하지만 장소를 옮긴다고 해서 상황이 나아지지는 않았다. 한번 얼어붙은 상황은 풀리지 않았고 거래처들이 하나둘 문을 닫기 시작했다. 의류 납품 대금도 제대로 받지 못하는 경우가 늘어났다.

"소송도 걸어봤어요. 물품 대금을 달라고요. 일부는 이기기도 했는데 그 사람들이 다 잠적하거나 무일푼이 되어버렸더라고요. 승소해도 받을 수 있는 게 없었어요."

조명호 씨는 쓴웃음을 지었다. 결국 그는 더 작은 규모로 점포를 줄여 또 한 번 이전을 했다. 하지만 상황은 계속 악화되었다. 직원들 급여마저 밀리기 시작했다.

"그래도 폐업은 할 수 없었어요. 왜냐하면 이게 제가 할 줄 아는 전부였거든요."

그는 자신의 기술과 경험에 대해 자부심을 가지고 있었다. 30년 가까이 쌓아온 맞춤 양복 제작 기술은 하루아침에 사라질 수 있는 게 아니었다. 언젠가는 다시 기회가 올 것이라고 믿었다.

* * *

을지로의 한 골목에서는 또 다른 변화의 바람이 불고 있었다.

배준식 씨는 아내와 함께 을지로에서 제책사를 운영하고 있었다. 아내가 먼저 사업을 시작했고, 배준식 씨가 합류해서 함께 일했다. 지하철을 타면 사람들은 책 한 권쯤은 들고 있었는데, 어느 순간부터 사람들의 손에는 휴대폰이 들려 있었다. 신문도, 잡지도, 심지어 교과서까지도 종이가 아닌 디지털 화면으로 바뀌고 있었다. 제책업계 전체가 위기감에 휩싸였다고 했다.

점점 더 강해지는 변화의 바람 속에 수천만 원의 세금이 체납되고 말았다. 아내 명의로는 더 이상 사업을 계속할 수 없게 되자 폐업 후 배준식 씨 명의로 새로운 사업체를 차렸다. 하지만 명의만 바뀌었을 뿐, 상황은 달라지지 않았다. 영업 부진이 누적되면서 결국 2년을 채우지 못한 채 새로운 사업체도 문을 닫을 수밖에 없었다. 그 결과 배준식 씨 명의로도 수천만 원의 세금이 체납되고 말았다.

* * *

세 사람은 서로 다른 분야에 있었지만 결국 같은 방향으로 가고 있었다. 시대의 거대한 변화 앞에서 개인의 노력만으로는 어쩔 수 없는 상황들을 마주했던 것이다. 스마트폰의 대중화, 경기 침체의 장기화, 소비 패턴의 변화… 이 모든 것들이 그들이 예상했던 것보다 훨씬 빠른 속도로 밀려오고 있었다.

이런 사연들은 파산관재인으로 일할 때 잊을 만하면 등장하고는 했다. 이것은 단순히 개인의 실패가 아니라 시대적 현상으로 인한 것이었다. 이런 분들을 만날 때면 안타깝기 그지없다. 그 누구도 이런 급격한 변화를 완벽하게 예측할 수는 없었을 것이기 때문이다.

"변호사님, 저희는 정말 성실하게 살았어요."

맞다. 윤태현 씨의 이 말처럼 그들은 모두 성실했다. 가족을 위해, 직원들을 위해, 거래처를 위해 최선을 다했다.

하지만 세상이 바뀌는 속도를 따라잡기에는 역부족이었다.

나는 파산 제도가 불의의 실패를 마무리하도록 돕고 새롭게 시작하는 기회를 주는 거라고 설명하며 파산은 실패나 끝이 아닌, 새로운 시작이 될 거라며 그들은 위로했다.

많은 채무자들은 모든 재산을 다 처분하고도 빚은 빚대로 남고 세금도 전혀 정리가 되지 않은 상태에서 파산을 신청하기도 한다. 윤태현 씨의 경우 아직 처분 가능한 부동산이 있을 때 파산을 신청했다. 결과적으로 그는 부동산 처분으로 상당한 금액을 확보한 덕분에 체납 세금을 완납하고, 채권자들에게도 배당할 수 있었다.

그런데 이처럼 처분 가능한 재산이 있는데도 파산을 신청할 수 있을까? 보유 재산보다 갚아야 할 채무가 더 많고, 갚을 능력이 되지 않는다고 판단될 경우 파산선고가 내려진다. 파산 신청 전에 모든 재산을 급하게 처분하면 아무래도 당장 급한 빚부터 상환하게 되고 거액의 세금은 체납한 채 파산 신청을 하게 된다. 체납 세금은 면책허가를 받더라도 납부해야 하기 때문에 세금을 완납하지 않는 한 새로운 사업을 시작할 수 없다.

윤태현 씨는 세금 문제가 사라진 덕분에 면책허가를 받은 후 다시 사업을 시작할 수 있었다.

"이번에는 중국에서 새로 시작하려고 해요. 시계를 생

산하는 회사들한테 자문을 하는 일이에요."

윤태현 씨의 목소리에는 홀가분함과 미래에 대한 희망이 담겨 있었다. 그는 30여 년간 쌓아온 전문성을 완전히 버리는 것이 아니라, 새로운 방식으로 활용하려고 부단히 노력하고 있었다.

* * *

파산과 면책 조사 절차가 모두 마무리될 무렵, 윤태현 씨가 말했다.

"변호사님, 여러모로 애써주셔서 감사해요."

"저는 정해진 절차를 따랐을 뿐이고 결국 법이 윤태현 님의 재기를 도운 거예요."

"변호사님께서 따뜻하게 설명해주셔서 절망하지 않고 잘 버틸 수 있었어요. 큰 도움이 되었습니다."

그의 말을 들으며 법이라는 것이 결국 사람을 위한 것이라는 사실을 다시 떠올렸다. 파산법도 그렇다. 실패한 사람에게 책임을 묻고 벌을 주기 위한 것이 아니라, 다시 일어설 수 있도록 도와주기 위한 취지의 제도이기 때문이다.

이들처럼 세상이 바뀔 때 그 변화를 예측하지 못했다고 해서 개인을 탓할 수만은 없다. 산업혁명 시대에도, 정보화 시대에도, 지금의 AI 시대에도 항상 있었고 앞으로도 벌어질 일이다. 어떤 기술이 사라지고, 어떤 직업은 없어지고, 어떤 사업체는 문을 닫는다. 그것은 자연스러운 현상이다. 중요한 것은 그러한 변화 속에서 사람들이 절망하지 않도록 도와주고 새로운 기회를 찾을 수 있도록 지원하는 것이다.

"이제는 정말 새로 시작할 수 있겠어요. 시계가 없어지는 건 아니잖아요. 형태만 바뀌는 거니까요."

윤태현 씨가 웃으며 말했다. 그 웃음에는 안도감과 함께 기대감이 섞여 있었다.

그의 말처럼 시계는 사라지지 않았다. 스마트워치라는 새로운 형태로 진화했다. 양복도 마찬가지이다. 격식보다는 편안함을 추구하는 방향으로 바뀌었지만 분명히 필요한 때와 장소가 있다. 책의 소비가 줄어 일감도 줄었지만, 여전히 인쇄물이 필요한 곳은 존재한다.

중국에서 시계 산업의 새로운 가능성을 찾으려 한 윤태현 씨, 구직 활동을 하며 새로운 분야에 도전하고자 한 조명호 씨, 가진 기술로 생계를 유지할 수 있다면 무엇이라도 도전하려는 배준식 씨 부부. 지금 이 글을 쓰는 순간 이들은 어떤 삶을 살아가고 있을지 궁금하다.

변호사라는 직업 역시 AI의 발달로 위협받을 수 있다는 것을 안다. 언젠가는 AI가 판례를 검토하고, 법률 자문을 하고, 심지어 재판까지도 할 수 있을 것이다. 그렇다면 나도 언젠가는 윤태현 씨, 조명호 씨, 배준식 씨와 같은 상황에 처할 수도 있다는 뜻이다. 하지만 그래도 괜찮다. 법이라는 것이 결국 사람을 위한 것이라는 걸 안다면, 변화하는 시대에도 사람을 도울 방법을 찾을 수 있을 것이다. 형태는 바뀔 수 있어도 본질은 유지될 것이다.

세상이 바뀔 때마다 누군가는 뒤처진다. 하지만 그것이 끝이 아니라는 것을, 새로운 시작이 될 수 있다는 것을 보여주는 사람들이 있다. 윤태현 씨, 조명호 씨, 배준식 씨 부부가 바로 그런 사람들이다. 그들의 이야기를 들을 때마다 나는 생각한다. 법조인으로서 내가 할 수 있는 일이 무엇인지, 변화하는 세상에서 사람들을 어떻게 도울 수 있는지를. 그리고 그 답은 항상 같은 곳에서 찾을 수 있다. 사람을 향한 따뜻한 마음 말이다.

할 일을
했을 뿐인데

"변호사님, 정말 고맙습니다. 제가 나중에 좋은 생선으로 인사드릴게요."

차은영 씨가 면책허가 결정을 받은 뒤 전화로 이렇게 감사하다는 말을 전했을 때 나는 솔직히 인사치레로만 들었다. 파산 절차를 마친 채무자들이 으레 하는 감사 인사 중 하나려니 했다. 연세도 많은 분이 부산에서 서울까지 무엇을 보내겠다고 하시는지. 그저 마음만 받는다는 식으로 웃으며 대답했다.

"차은영 님, 그 마음만 감사히 받을게요. 전 그냥 정해진 절차를 따라 해야 할 일을 했을 뿐입니다."

그런데 몇 달 후, 정말로 택배가 도착했다. 정성스럽게 준비한 반건조 생선이 가득 담긴 상자였다. 바다 냄새 가득한 박스를 보니 웃음이 나왔다.

* * *

차은영 씨의 이야기는 1990년대로 거슬러 올라간다. 음악을 전공한 후 결혼해 자녀를 둔 평범한 주부였던 그는 남편과 이혼 후 혼자서 아이들을 키우게 되었다. 그 무렵 전 배우자가 보증을 선 문제로 가정에 어려움이 있었다고 했지만, 이미 지나간 일이라 자세한 이야기는 하지 않았다.

"혼자서 아이들 키우다 보니 생활비가 좀 부족했어요. 그래서 어쩔 수 없이 여기저기에서 빌릴 수밖에 없었어요."

그는 담담하게 지난 시간을 설명했다. 이혼 후 혼자 세 아이를 키우며 피아노 레슨으로 생계를 이어가던 그에게 돌려막기는 선택이 아닌 어쩔 수 없는 생존의 방법이었다. 당시 자녀들은 한창 학교에 다닐 나이였다 보니 혼자 벌어들이는 레슨비만으로는 턱없이 부족했을 것이다.

"지인한테 빌리고, 카드로 막고, 또 다른 데서 빌려서 갚고…. 그러다 보니 어느새 정말 어디서도 돈을 빌릴 수 없게 됐어요."

그분은 채권자들에게 진심으로 미안한 마음을 가지고 있다고 했다. 빚을 제대로 갚지 못하게 된 상황에 대해 죄송스럽다고 몇 번이나 말씀하셨다.

"채권자분들께는 너무도 죄송해요. 빌렸으면 갚았어야 하는데…."

"그 마음은 이해할 수 있어요. 하지만 지금 상황에서는 법적 절차를 통해 정리하는 게 최선입니다. 차은영 님은 이미 충분히 노력하셨잖아요."

그는 질책이 아닌 위로와 공감을 전하는 내 말에 놀라는 듯하며 안도하는 눈빛으로 나를 바라봤다.

* * *

신태영 씨를 처음 만났을 때의 기억도 선명하다. 동대문시장에서 신발 장사를 하던 그는 1980년대부터 부동산 중개업을 배우기 시작했다. 그리고 1990년대 말, 운명적인 선택을 하게 된다.

"집사람이 말렸어요. '괜히 모르는 일에 손대지 말자'라고요. 근데 제가 욕심이 났죠. 분양 사업만 성공하면 우리 가족이 지금보다 잘살 수 있을 것 같았거든요."

그의 목소리에는 후회가 묻어 있었다. 분양 사업 실패

후 그는 사기죄로 고소당했고, 가족들이 사는 집에도 들어갈 수 없어 고시원을 전전해야 했다.

"고시원에서 지내는 게 정말 힘들었어요. 아이들 얼굴을 보고 싶어도 볼 수 없고…. 일용직 뛰면서 조금씩이라도 빚을 갚아보려고 했는데, 갑자기 날아온 독촉장들을 보고는 정말 깜짝 놀랐어요."

몇몇 금융기관에서 온 거액의 보증 채무 독촉장들이었다. 그는 그 순간을 이렇게 말했다.

"머리가 하얘지더라고요. 손쓸 틈 없이 결국 나도 이렇게 끝나는구나 싶었어요."

* * *

차은영 씨와 면담할 때였다.

"변호사님, 그동안 너무 고통스러웠어요. 저도 면책을 받을 수 있을까요?"

"물론이죠. 절차에 따라 필요한 자료들만 잘 제출해주신다면 충분히 면책허가를 받을 수 있습니다."

"감사해요. 말씀하시는 대로 다 할 테니 면책허가를 받을 수 있도록 도와주세요. 그런데 돈을 빌려준 분들한테는 죄송해서 어쩔 줄 모르겠어요."

"갚을 수 있는데도 안 갚으신 게 아니잖아요. 10년 넘게 혼자서 아이들을 키우며 버티신 것만 봐도 얼마나 노력하셨는지 알 수 있어요."

신태영 씨와의 대화도 비슷했다.

"변호사님, 가족들과 다시 평범하게 살 수 있을까요?"

"당연히 그러셔야죠. 이미 충분히 고생하셨습니다. 새로 시작하실 수 있도록 도와드릴 테니 잘 따라와주세요."

이후 두 분은 모두 면책허가로 결정이 되었다. 인생의 벼랑 끝에 선 것 같았을 그들에게 면책허가는 새로운 인생을 선물받은 것처럼 느껴졌을 것이다.

* * *

차은영 씨가 첫 번째 생선을 보낸 것은 면책 결정 몇 달 뒤였다. 택배를 받고 그에게 전화를 했다.

"차은영 님, 택배 도착했어요. 안 그러셔도 되는데요."

"아니에요, 변호사님. 제가 약속했잖아요. 자갈치시장에서 제일 좋은 걸로 골랐어요."

그의 목소리는 한결 밝아져 있었다. 면책 결정 후 마음의 짐을 덜고 나니 목소리에도 활기가 돌아온 게 느껴졌다.

"변호사님 덕분에 이제 마음 편히 살 수 있게 됐어요."

두 번째 생선이 도착한 것은 그로부터 1년 후였다. 전과 마찬가지로 정성 가득 담긴 반건조 생선들이 가득했다.

신태영 씨는 다른 방식으로 감사를 표했다. 그와는 면책허가 결정 후 지금까지도 꾸준히 연락을 주고받고 있다. 안부 전화에서 시작했다가 법률 자문을 하는 관계가 됐다.

"변호사님, 죄송한데 하나만 여쭤봐도 될까요? 이번에 계약을 하나 하게 되었는데, 걱정되는 조항이 있어서요."

그는 이제 모든 계약서를 나에게 먼저 보여준다. 파산 경험 이후 더욱 조심스러워진 것 같다. 그리고 매번 상담 후에는 이렇게 말한다.

"덕분에 새 인생을 살고 있어요. 늘 감사합니다."

법조인으로 일하면서 보람을 느끼는 순간이 바로 이런 말을 들을 때가 아닌가 싶다.

* * *

사실 파산관재인의 역할은 명확하다. 채무자의 재산을 조사하고, 확인된 재산은 채권자들에게 공정하게 배당하며, 면책불허가 사유는 없는지 꼼꼼하게 판단하는 것. 법이 정한 절차를 공정하게 따르면 되는 일이다. 특별히 인정을 베풀거나 감정적으로 개입할 것도 아니다.

그런데 왜 이들은 이토록 고마워했을까. 생각해보니 답은 간단했다. 이들에게는 파산과 면책 제도가 마지막 희망이었기 때문이다. 혼자 세 아이를 키우던 차은영 씨에게는 10년 넘게 짊어진 빚의 굴레에서 벗어날 수 있는 유일한 길이었다. 신태영 씨에게는 가족과 다시 화해하고 평범한 아빠로 돌아갈 수 있는 기회였다.

두 사람을 통해 깨달은 것이 있다. 감사를 표현하는 것은 받는 사람보다 표현하는 사람에게 더 큰 의미일 수 있다는 것이다. 차은영 씨가 생선을 보내고, 신태영 씨가 계속 연락을 주고받는 것은 단순히 고마움을 전하는 차원을 넘어서, 자신들의 새로운 삶에 대한 확신을 다지는 과정이었을 것이다. '내가 정말 새로 시작하는구나. 누군가에게 고마움을 표현할 수 있을 만큼 여유가 생겼구나.' 하는 마음이 아닐까.

법조인으로 일하다 보면 때로는 너무 차갑고 딱딱한 세계에 있는 것 같아 쓸쓸할 때가 있다. 조문과 판례, 절차와 형식. 사람의 온기가 느껴지지 않는 경우가 많다. 하지만 차은영 씨의 생선과 신태영 씨의 안부 전화는 나에게 상기시켜준다. 법도 결국 사람을 위한 것이라는 걸 말이다. 그리고 때로는 아주 작은 친절과 관심이 누군가의 인생을 완전히 바꿀 수 있다는 것도.

이런 경험들을 바탕으로 나는 어려운 상황에 처해 나를 찾는 사람들에게 법 절차 안에 사람을 향한 배려와 따뜻함이 깃들어 있다는 사실을 전달하고자 노력한다. 오늘도 그들의 이야기를 들어주고, 법적 절차를 알려주고, 때로는 작은 위로의 말 한마디라도 건넬 준비를 한다.

한마디
말의 무게

"변호사님, 이정호입니다. 혹시 기억하세요?"

이정호? 솔직히 기억이 나지 않았다. 파산관재인 일을 하다 보니 워낙 많은 사람들을 만나게 되어 이름만으로는 바로 떠오르지 않는 경우가 종종 있기 때문이다.

"선생님, 죄송하지만 언제쯤 뵌 분이신지요?"

"10년 전쯤 파산과 면책 때 변호사님께서 제 파산관재인이셨어요. 당시 제 건강이 무척 좋지 않은 데다, 가정 상황도 말이 아니었죠. 그때 제게 해주신 말씀이 늘 힘이 되었어요. 감사한 마음을 늘 품고 있었는데 오랜만에 인사도 드리고 또 좋은 소식도 전하고 싶어 전화드렸습니다."

* * *

밝은 목소리인 지금과 달리 처음 만났던 10여 년 전 이정호 씨의 상황은 절대 녹록지 않았다. 그는 환갑을 앞둔 나이에 협심증, 혈압, 당뇨 등 여러 질병으로 치료를 받고 있었다. 게다가 얼마 전에는 폐에 문제가 생겨 입원까지 했던 터라 무척 지쳐 보였다. 게다가 배우자의 외도로 갈등이 고조되고 있던 중이다 보니 몸과 마음 어느 하나 여유를 찾을 수 없는 상황이었다.

"정말 막막해요. 제 나이도 적지 않은데다 건강도 안 좋고, 가족마저 이런 상황이고…."

면담을 할 때마다 그의 얼굴에는 깊은 피로감이 서려 있었다. 심신이 건강하더라도 9000여 만 원에 이르는 채무는 그 자체만으로도 압박감이 상당했을 텐데 여러 상황들이 너무 좋지 않아 무척 안타까웠다.

그는 대학 졸업 후 오랜 기간 재직하던 회사에서 퇴사하게 된 후 10년 정도 식당을 운영했다. 나름 여러모로 노력했지만 매출 부진과 적자가 누적되었고 급한 불을 끄려는 마음에 신용카드와 대출로 간신히 버티다 폐업할 수밖에 없었다.

파산관재인으로서 그가 운영하던 사업장의 폐업 과정

과 재산 상황을 조사하며 몇 가지 확인해야 할 사안들이 있었다. 폐업 당시 받은 임대보증금 잔여분과 시설권리금을 아들 명의의 계좌에 입금한 부분, 그리고 별거 중인 배우자가 거주하는 부동산 등이었다.

다행히 조사 결과 특별히 문제 될 것은 없었다. 그가 아들 명의로 보관한 돈은 생계비 차원에서 승인할 수 있는 수준이었고, 배우자 관련 부동산에도 그의 재산이 은닉된 흔적은 찾을 수 없었다. 무엇보다 그는 숨기지 않고 모든 것을 솔직하게 털어놓는 태도를 보였다.

"변호사님, 저는 숨기는 게 없어요. 아니, 숨길 것 자체가 없다고 하는 게 맞겠네요. 이제는 가진 게 없어요."

가진 것이 없다는 이 한마디에서 깊은 절망보다 오히려 담담함이 느껴졌다. 이미 모든 것을 받아들인 사람의 초연함 같은 것이었다. 그의 말처럼 거주 중인 집의 보증금 외에는 파산재단에 편입할 만한 재산이 확인되지 않았다.

이후 조사 절차는 순조롭게 진행되었고 예상했던 대로 면책허가 결정도 받을 수 있었다. 그런데 모든 절차가 종료된 후 내가 그에게 직접 전화를 한 일이 있었다는 것이다. 정해진 절차를 따라 공정하게 진행하는 것이 파산관재인의 역할이기에 특별히 마음을 쓰거나 감정이 개입할 여지는 없었는데, 당시 나는 어떤 이유로 마음이 쓰였던 것일까.

당시 이정호 씨의 기록을 다시 살펴보니 왜 그랬는지 이해할 수 있었다. 이혼에 동의해줄 것을 요구하며 별거 중이었던 아내, 곧 대학 입시를 앞두고 있던 그의 아들. 아마도 이러한 가족 상황이 마음에 걸렸던 것 같다. 파산과 면책으로 가장 큰 산이었던 경제적 문제는 일단 해결했지만, 가족 문제는 여전히 남아 있어 복잡한 실타래를 풀어가야 했을 터였다.

"이정호 님, 이제 면책허가 결정을 받으셨으니 무거웠던 마음의 짐을 덜고 가족들과 좋은 관계를 만들어가시길 바라요. 특히 부인분은 잘 설득해보시면 좋겠어요. 부디 잘 해결되어 행복하게 지내시면 좋겠습니다."

"말씀 감사합니다 변호사님. 포기하고 있었는데 그 말씀을 따라 한번 노력해보겠습니다."

그때의 짧은 통화를 10년 가까운 시간이 지난 지금까지 기억하고 있을 줄은 미처 몰랐다.

* * *

"그때 변호사님과 나누었던 대화 덕분에 다시 힘을 내서 정말 열심히 살 수 있었어요."

이정호 씨는 오랜만의 전화에서 그간의 근황을 들려주

었다. 내가 재결합을 권했던 아내와는 안타깝게도 결국 각자의 길을 가는 것으로 정리했다고 했다. 그렇지만 실망과 좌절보다는 담담하게 받아들이고 다음 발걸음을 준비한 것 같았다.

"그렇게 쉽지 않은 상황이었지만 아들 때문에 견딜 수 있었어요. 아들이 정말 기특하게 잘 자라주었거든요."

그때 당시 삼수생으로 세 번째 입시를 준비하던 아들은 결국 대학에 입학했다고 한다. 어려운 상황에서 그것만으로도 대견했는데, 최근에는 로스쿨에 입학했다고 한다. 그가 전하고 싶다던 좋은 소식이 바로 이것이었다.

"아들이 법조인이 되고 싶다고 하더라고요. 그래서 제가 왕 변호사님 이야기를 많이 해줬어요. 아빠가 어렵고 힘들었던 시기에 재기할 수 있도록 도와주신 훌륭한 변호사님이라고 말이에요."

그 말을 들으면서 뭉클함을 느꼈다. 사실 잘 기억하지 못했던 관심과 응원의 한마디가 한 가정에는 이렇게 큰 의미로 남아 있었다니.

"제가 아들한테 그랬어요. 로스쿨 공부를 마치고 법조계에 진출하게 되면 너도 왕 변호사님처럼 어려운 사람들을 도와주는 훌륭한 법조인이 되어야 한다고요."

그는 면책허가 결정 후 열심히 새로운 일터를 찾았다

고 했다. 현실적으로 나이가 많아 쉽지는 않았지만 그렇다고 포기하지도 않았다. 그리고 무엇보다 아들이 올바르게 자랄 수 있도록 아버지의 역할에 최선을 다했다고 했다.

"변호사님 덕분에 아들이 이렇게 잘 자랐어요. 그 아이가 앞으로 변호사님 같은 사람이 되었으면 좋겠어요."

* * *

전화를 끊고 나서 한참 생각에 잠겼다. 이정호 씨와 대화를 나누었어도 어렴풋이 기억이 날 뿐 사실 그때의 나는 특별히 대단한 일을 했다고 생각하지 않는다. 해야 할 일을 했을 뿐이고, 마지막에 응원과 당부의 마음을 담아 전화를 했을 뿐이다.

파산관재인으로 만났던 사람들은 대부분 절망적인 상황에서 나와 마주하게 되었다. 나는 그들에게 법적 절차를 이해하기 쉽게 설명하고, 꼭 필요한 조사를 진행하며, 최종적으로는 면책허가 결정을 받을 수 있도록 협조를 구했다. 그것이 내 역할의 전부라고 생각하기도 했다.

하지만 10년 만에 그의 전화를 받고서 생각이 달라졌다. 벼랑 끝에 선 것 같거나, 막다른 길에 몰린 것 같은 그들에게 파산과 면책의 과정은 마치 두 번째 삶이 열리는 경험이었겠구나 싶었다. 그런 만큼 나의 작은 행동 하나와 말 한 마디가 가졌을 무게를 새삼 느꼈다. 작은 관심과 따뜻한 말 한마디가 누군가에게는 삶을 지탱하는 힘이 될 수 있다는 것을, 그리고 그 힘이 다음 세대로까지 이어질 수 있다는 것을 보며 나름대로 최선을 다했던 나 자신을 격려했다.

로스쿨에 입학한 그의 아들이 훌륭한 법조인이 되기를 마음으로 응원한다. 언젠가 그 아들을 만나게 된다면 이렇게 말해주고 싶다.

"당신 아버지는 정말 대단한 분이셨어요. 그토록 어려운 상황에서도 결코 포기하지 않고 당신을 훌륭하게 키워내셨거든요. 그런 아버지를 두었다면 분명 훌륭한 법조인이 될 거라 믿습니다."

이정호 씨와의 통화 이후 어려운 상황에 처한 의뢰인들을 만날 때면 그들에게도 다시 일어설 수 있는 힘이 있다는 것을, 그리고 그 힘은 다른 이에게도 전해질 수 있다는 것을 믿게 되었다.

누군가는 나를 찾아와 절망 속에서 도움을 요청할 것이다. 그럴 때 나는 그를 떠올리며 희망과 응원을 전할 것이다. 그런 말 한마디가 또 다른 이정호 씨를 만들어낼 수 있다면 그것만으로도 내 일은 충분히 의미 있지 않을까.

시선을 조금만 바꾼다면, 그들이 단순한 '실패자'가 아니라
다시 일어서려는 '도전자'라는 것을 알 수 있을 것이다.
이들의 새로운 시작을 응원하는 것이야말로
우리 모두가 함께 더불어 살아가는 방법이라고 믿는다.

3장

나는 그들에게
어떤 변호사였을까

36년
무임금 노동의 대가

 13년 동안 파산관재인 업무를 하며 다양한 사연을 가진 사람들을 만났다. 하지만 최근에 파산관재인이 아닌 사건 의뢰인으로 만난 이정순 씨 사연의 충격은 어떤 것보다 생생하다. 60대 중반이었던 그는 작은 체구에 수줍은 미소를 띠며 사무실로 들어왔다. 지인을 통해 파산 제도를 알게 되었다는 그는 이것만이 유일한 해결책이 될 거라 생각했다.
 "변호사님, 저는 나쁜 사람이 맞나요?"
 그는 평생을 남의 집에서 헌신하며 살았다. 그런 사람이 어떻게 자신을 나쁜 사람이라고 생각할 수 있을까. 그 순간 이 사건은 단순한 파산 사건이 아니라는 것을 직감했다.

* * *

이정순 씨는 2남 4녀 중 셋째 딸로 태어났다. 아버지가 가출한 후 어머니 혼자 여섯 자녀를 키우기란 불가능에 가까웠다. 결국 정순 씨가 초등학교를 겨우 졸업하자 어머니는 딸을 서울의 이모에게 보냈다.

"엄마가 그랬어요. '정순아, 서울로 가서 이모 도와드려라. 우리 집 사정이 어려운 거 알지?' 하면서요. 그때는 뭔지도 모르고 따라갔죠."

이모네 식당에서의 일은 아직 부모님의 돌봄이 필요한 어린 그에게는 무척 버거웠다고 했다.

"그때는 참 많이 힘들었어요. 어린 나이에 낯선 곳에서 생활하는 것도 쉽지 않은데 일도 해야 했으니까요. 집에 가고 싶다는 생각을 정말 많이 했죠."

이 대목에서 나는 깊은 한숨을 쉬지 않을 수 없었다. 1970년대 한국 사회에서 이런 일이 비일비재했다지만, 그렇다고 정당화할 수는 없는 일이다. 아동의 교육받을 권리, 놀 권리, 보호받을 권리는 어디로 갔을까.

그렇게 힘든 시간을 견디던 그는 어느 날 신문에서 '가정부를 구한다'는 광고를 보고 용기를 내어 전화를 걸었다. 그렇게 그는 최동석, 박미영 부부의 집으로 향했다. 그때가 그의 나이 열일곱이었던 해의 겨울이었다.

최동석 부부의 집에 도착한 그를 맞이한 것은 가정의 따뜻한 온기였다. 그는 특히 최동석 씨가 자신을 마치 딸처럼 대해주었다고 기억했다.

"아버지가 그러셨어요. '정순아, 이제 여기가 네 집이다. 걱정하지 말고 우리와 함께 살자'라고요. 서울에 올라온 이후 그때 처음으로 안전하다는 느낌을 받았어요."

그는 다락방을 자신의 공간으로 갖게 되었다. 비록 급여는 없었지만, 세 끼 식사와 따뜻한 잠자리가 보장되었다. 그렇게 집안일을 하며 박미영 씨가 운영하는 식당의 일도 함께 했다고 한다.

상담을 진행하면서 머릿속에 이런 생각이 떠나지 않았다. 급여 없이 무려 36년 동안 일했다는 것을 과연 정상적인 고용관계라고 할 수 있을까? 요즘 같으면 최저임금법 위반은 물론이고, 근로기준법상 여러 문제가 될 텐데. 하지만 당시에는 '가족 같은 관계'라는 이름으로 이런 상황들이 당연시되고는 했다.

가장 놀라운 이야기는 최동석 씨가 가족과 연락이 끊어진 그를 위해 '최은희'라는 이름으로 호적을 만들어주었다는 것이었다.

"어느 날은 아버지가 저를 부르시더니 '정순아, 앞으로는 최은희로 살거라. 내가 서류도 만들어줄 테니까 걱정하지 말고'라고 하셨어요. 그때는 그게 얼마나 큰 일인지 미처 몰랐어요."

열일곱 소녀였던 그가 최은희라는 이름으로 살게 된 이후 시간이 지나 불혹의 나이가 되었을 무렵, 박미영 씨가 먼저 세상을 떠났다. 그럼에도 그는 홀로 최동석 씨 곁을 지켰다. 나이가 들수록 건강이 나빠지는 최동석 씨를 돌보는 일은 만만치 않았지만, 그에게 최동석 씨는 진짜 아버지와 다름없었기에 정성을 다해 보살폈다고 했다.

신장 투석까지 받게 되면서 거동이 불편해진 최동석 씨는 어느 여름날 그를 불러 이렇게 말했다.

"은희야. 네가 평생을 바쳐 우리 가족을 위해 고생했는데 내가 뭘 해준 게 없구나. 그래서 이 집을 너에게 주려고 한다. 내 마음이니 거절하지 않으면 좋겠다. 네가 없었다면 우리 가족이 어떻게 됐을지 모른다. 받거라."

그렇게 최동석 씨는 자신이 거주하던 주택을 그에게 주었다. 등기부등본에는 매매로 기록되었지만, 실질적으로는 감사 표시로서의 증여였다. 그는 아버지의 진심이 느껴져 진심으로 감사함을 느꼈다고 했다.

"그때 아버지는 계단을 오르내릴 때마다 힘들다고 하셨어요. 휠체어를 타셔야 했는데 집에 계단이 있으니까 얼마나 불편하셨겠어요."

그는 아버지와 살던 주택을 매각해 앞으로의 간호와 두 사람의 생계 유지를 위해 분식집을 인수했다. 그리고 남은 돈에 대출을 더해 계단이 없는 1층 집도 구입했다. 이 결정은 모두 최동석 씨를 위한 선택이었다.

주택을 증여받고 두 해가 지났을 때, 오랜 투병 생활을 하던 최동석 씨마저 세상을 떠났다. 그는 36년을 함께한 아버지 같은 분을 떠나보내며 오열했다.

"정말 좋은 분이셨어요. 저 같은 사람을 가족처럼 받아주신 분이에요."

하지만 슬픔도 잠시, 전혀 예상치 못한 일이 벌어졌다.

* * *

최동석 씨가 세상을 떠난 지 얼마 지나지 않아 집을 떠나 살던 그의 자녀들이 이정순 씨를 찾아와서는 증여에 대해 문제를 제기했다고 했다.

"당신이 우리 아버지를 속여서 집을 가져간 거 아니야? 아버지가 치매였는데 증여는 무슨 증여야. 제대로 판단도 못 하는 사람을 이용해 이 집을 먹은 거지!"

그는 할 말을 잃었다. 무려 36년 동안 최동석 씨는 물론이고 자녀들까지 돌보는 것을 마다하지 않고 헌신하며 살았는데. 그런 자신을 사기꾼 취급하는 것이 너무나 충격이었을 것이다. 하지만 어찌 보면 이해할 수 있는 부분도 있었다. 최동석 씨와 자녀들은 오랜 기간 연락을 주고받지 않았던 터라 그에게 증여를 했다는 사실은 어쩌면 당황스러운 일이었을 것이다. 재산 상속을 둘러싼 오해와 갈등은 우리 주변의 많은 가정에서 벌어지는 일이기도 하니까.

최동석 씨가 세상을 떠난 다음 해. 오해라고 생각하며 애써 이해하려고 했던 이정순 씨와 달리 최동석 씨의 자녀들은 손해배상 소송을 제기했다. 다행히 1심과 2심까지는 그가 승소했다. 법원은 최동석 씨의 증여 의사가 명확했다고 판단했기 때문이다. 그럼에도 자녀들은 포기하지 않았다. 그들은 이어서 상속인의 권리인 유류분 반환 청구 소송을 제기했고, 이 소송에서는 이정순 씨가 패소하고 말았다.

법정 상속인이 받을 수 있는 최소한의 상속분을 보장하는 유류분 제도는 법리적으로 보면 타당한 주장일 수 있다. 하지만 36년이라는 시간 동안 무급으로 헌신한 노동의 대가, 최동석 씨가 병들어 아팠을 때 혼자 간호한 대가는 전혀 반영되지 않은 판결이었다.

법원의 이 판결로 그는 최동석 씨의 자녀들에게 2억 원에 달하는 돈을 지급해야 했다. 증여받은 집은 3억 원에 못

미치는 금액에 매각했지만, 그럼에도 불구하고 최동석 씨가 사망할 당시 주택 가액인 약 5억 원을 기준으로 산정한 결과였다.

결국 이정순 씨는 최동석 씨 간호를 위해 구입했던 집마저 대출 상환이 어려워져 매각할 수밖에 없었다. 그렇게 마련한 돈으로 지인 권유에 따라 라면 가게를 해보려 시도했지만, 그마저도 실패하고 말았다. 마지막 희망으로 어떻게든 살기 위해 권리금을 주고 호프집 운영권을 인수했다. 이를 바탕으로 재기를 꿈꾸었지만, 결국 이마저 폐업하게 되면서 무일푼으로 길거리에 나앉는 신세가 되었다고 했다.

"그때는 제가 너무 순진했어요. 사업이 뭔지도 모르면서 지인 말만 믿고 감히 해보겠다고…."

식당에서 일용직으로 일하며 하루하루 버텨가는 상황에서 최동석 씨의 자녀들에게 지급하라는 2억 원의 법원 판결금은 절대 감당할 수 없는 금액이었다. 그런 탓에 파산 신청을 하기로 결정한 것이다.

그와 상담을 할 때 가장 마음이 아팠던 순간은 자신을 탓할 때였다.

"변호사님, 제가 욕심을 부린 걸까요? 아버지가 집을 주겠다고 하셨을 때 거절했어야 하나요?"

"이정순 님, 36년이라는 시간 동안 단 한 번도 제대로 된 급여를 받지 못했으면서도 헌신하셨잖아요. 그것에 대한 고마움을 표현하신 아버님의 마음은 당연히 받을 자격이 있다고 생각합니다."

나는 그에게 당신의 잘못이 아니라고, 안타깝지만 법이라는 것이 때로는 완벽하지 않을 수 있다고 설명하며 위로했다. 하지만 그의 마음속에 자리한 죄책감을 완전히 덜어줄 수는 없었다. 그동안의 노동에 대한 정당한 급여를 계산한다면 증여받은 집의 가치보다 훨씬 클 것이다. 하지만 법은 그렇게 계산을 하지 않는다.

이정순 씨의 사례를 보면서 나는 법의 한계를 다시 한 번 생각하게 됐다. 기술적으로 유류분 제도는 적용될 수 있다. 하지만 36년간의 헌신과 사랑은 법으로 어떻게 따져야 할까.

* * *

이정순 씨의 대리인 변호사로서 이 사건을 처리하는 과정에서 그가 얼마나 순수하고 선량한 마음을 가진 사람인지 확인할 수 있었다. 다행히 파산과 면책 절차는 모두 순조롭게 진행됐다. 그에게는 특별히 처분할 다른 재산도, 숨겨둔 돈도 없었다. 평생을 타인을 위해 헌신하며 살아온 따뜻한 마음만 남아 있을 뿐이었다.

"변호사님, 고맙습니다. 이제 저는 새로 시작할 수 있는 건가요?"

"그럼요. 이정순 님은 충분히 새로운 행복을 누릴 자격이 있습니다."

그는 마지막 상담에서야 처음으로 환하게 웃었다. 그 웃음에서 나는 인간의 강인함과 따뜻함을 동시에 느꼈다.

그와 같은 분들을 만날 때마다 나는 확신하게 된다. 법이 모든 것을 해결할 수는 없지만, 사람과 사람 사이의 따뜻한 마음만큼은 그 무엇도 대신할 수 없다는 것을. 그리고 그런 마음을 가진 사람들이 있는 한, 우리 사회는 여전히 희망이 있다는 것을 말이다. 최동석 씨가 이정순 씨에게 보여준 따뜻함. 그리고 그에 보답하듯 이정순 씨가 보여준 헌신. 이런 이야기들이 우리에게 주는 교훈은 명확하다. 진짜 소중한 것은 법조문에 적힌 글자가 아니라, 서로를 향한 따뜻한 마음이라는 것 말이다.

오늘도 나는 새로운 의뢰인을 만나러 간다. 어쩌면 또 다른 이정순 씨를 만나게 될지도 모른다. 이정순 씨와 같은 분을 만나게 된다면 이렇게 말해주고 싶다.

"당신은 나쁜 사람이 아니에요. 당신은 충분히 소중한 사람이에요."

끝에서의 시작

"요즘 어떻게 지내세요?"

몇 년 전 담당했던 이혼 조정 사건 의뢰인인 박도영 씨의 안부가 궁금해 메시지를 보냈다. 그때 그 부부는 지금 어떻게 살고 있을까? 그는 나와 약속했던 것들을 잘 지키며 살고 있을까?

잠시 후 휴대폰에 긴 메시지가 도착했다.

변호사님, 안녕하세요! 정말 오랜만입니다.
저희 부부는 잘 지내고 있어요. 요즘은 아내와 함께 등산도 다니고 있고요. 아내는 예전보다 훨씬 밝아졌고, 저도 술을 많이 줄였어요.

우리 아이들은 엄마랑 아빠 사이가 좋아져서인지 집에서 얼굴 볼 기회가 많아졌어요. 예전 같으면 맨날 밖에 나가기만 했을 텐데 말이에요. 그리고 고맙게도 취업 준비를 착실하게 잘해 준 덕분에 번듯한 직장인도 되었고요.

지금 돌아보면 변호사님 말씀을 듣길 잘했어요. 변호사님 덕분에 이렇게 잘 지내고 있습니다. 정말 감사합니다, 변호사님!

메시지를 읽으며 절로 미소가 지어졌다. 그러면서 예전 기억이 다시 생생하게 떠올랐다.

* * *

"변호사님, 저 정말 이혼하고 싶지 않아요. 방법이 없을까요…?"

말을 마친 박도영 씨가 내 앞에서 고개를 숙였다. 공고 졸업 후 지방 중소기업에 취직해 회사가 수도권으로 이전할 때 같이 상경하면서까지, 같은 직장을 나이 오십이 될 때까지 다녔다. 배경이 그다지 좋지 않았지만, 최선을 다해 부장 직급까지 올랐고 지금껏 자리를 지키고 있는 성실한 직장인이었다.

"박도영 님, 부인분이 이혼을 청구하게 된 구체적인 사유가 뭔가요?"

"그게… 제가 술을 좀 많이 마시긴 했어요. 그리고 집안일은 신경도 안 썼고요…."

말끝을 흐리는 그의 표정에서 뭔가 더 있다는 걸 직감했다.

"좀 더 구체적으로 말씀해주세요. 법원에서는 구체적인 사실관계가 중요합니다."

"창피해서 어디 말도 못 하는 건데요…. 한번은 거나하게 술에 취해서 방에 소변을 본 적도 있었어요. 아내를 무시하는 말도 자주 했고요. 저를 보고 가부장적이라고 하더라고요."

내가 남편의 변호인이긴 했지만, 솔직히 말해 객관적인 이혼 사유는 차고 넘치는 상황이었다. 아내 입장에서 보면 이혼을 요구하지 않고 살아온 것이 이상할 만큼. 그렇지만 무언가 이 사람에게 변화의 가능성이 있다는 것을 느꼈다.

"아내분과는 어떻게 결혼을 하게 되셨어요?"

"연애할 때 아내가 사고로 다리를 좀 다쳤어요. 그 때문에 장애가 생겼죠. 솔직히 이 사람이랑 결혼을 하지 말까 하는 생각도 했어요. 하지만 제가 책임져야 한다고 생각해서 결혼을 결정했습니다."

겉으로는 가부장적이고 술주정뱅이로 보이지만, 마음 깊숙한 곳에 책임감과 의리가 남아 있을 수 있겠다는 생각을 했다. 그는 처음부터 지금처럼 나쁜 사람은 아니었다. 아내를 처음 만났을 때는 누구보다 다정하고 단단한 사람이었던 것 같다. 그렇다면 다시 예전 모습으로 돌아갈 수도 있지 않을까. 만약 지금 포기한다면 이 가정이 다시 행복을 누릴 수 있는 기회가 사라지는 것은 아닐까.

"박도영 님, 진심으로 이혼하고 싶지 않으시다면 변하셔야 합니다. 아니, 변하는 것만으로는 부족해요. 아내분의 마음을 확실하게 되돌릴 수 있어야 해요."

"그러면 제가 어떻게 해야 할까요?"

"일단, 집에서 나오시는 게 좋겠습니다. 다른 곳에 방을 구하세요. 집은 반드시 아내분이 허락할 때만 들어가고요. 그리고 이혼하지 않더라도 재산의 절반은 아내분께 넘길 각오를 하세요."

남자의 눈이 커졌다.

"네? 절반이요…?"

"어차피 이혼하면 재산의 절반은 드리셔야 해요. 이혼하지 않더라도 지금 주겠다고 약속한다면 아내분께서 진정성을 느끼실 수 있을 겁니다. 그리고 집은 아내분과 공동 명의로 바꾸시고요. 부부 상담도 꼭 받으셔야 합니다."

* * *

시계를 보니 이미 3시 15분이었다. 앞선 재판이 예상보다 길어지면서 약속된 조정 시간에 15분이나 늦었다. 급하게 서울가정법원 조정실로 발걸음을 재촉했다. 복도를 뛰다시피 걸으며 머릿속으로는 의뢰인과 나눴던 대화들을 정리했다.

'열심히 설득하고 다짐을 받기는 했지만, 박도영 님은 정말 변할 수 있을까?'

이런 생각을 하며 조정실 문을 열고 들어가니 분위기가 심상치 않았다.

"늦어서 죄송합니다."

조정위원 두 분과 상대방 변호사, 그리고 의뢰인 부부가 앉아 있었다. 내 의뢰인의 표정을 보니 박도영 씨는 이미 그 짧은 시간 동안 몇 라운드 당한 것 같았다.

"지금까지 말씀을 들어보니 이혼 사유가 명백하다고 생각됩니다."

조정위원 중 한 분이 말했다.

'역시, 이미 이혼 쪽으로 기울어진 상황이구나.'

하지만 나는 포기할 수 없었다. 한 달 동안 그와 깊이 대화하면서 달라지겠다는 의지를 보았기 때문이다.

"조정위원님, 말씀하신 대로 이혼 사유는 충분합니다. 저도 그 점은 인정합니다."

모두의 시선이 내게 집중됐다.

"하지만 제가 말씀드리는 것을 고려해주시면 어떨까 합니다. 박도영 님을 한번 보십시오. 공고 졸업 후 취직한 지방의 중소기업이 수도권으로 이전할 때 함께 올라오면서까지 25년을 한 회사에서 최선을 다해 일하셨습니다. 고졸로 50대에 부장까지 올랐다는 건 얼마나 치열하고 성실하게 살았는지 보여주는 것이 아닐까 합니다."

아내 쪽에서 무언가 말하려는 듯했지만, 나는 준비한 말을 이어갔다.

"물론 집에서는 무척 가부장적이었고 술도 많이 드셨습니다. 하지만 아내분이 박도영 님과 연애할 때 사고로 다리를 다치셨는데도 박도영 님은 결혼을 결정하셨어요. 조금 전 회사에서도 책임감 있게 일하셨다고 말씀드린 것처럼 결혼을 결정했을 때의 책임감은 지금도 남아 있다고 봅니다."

조정실이 조용해졌다.

"아내분께서도 이혼을 결정하시면서 현실적인 부분에 대한 고민이 있으셨을 것으로 생각합니다. 사실 황혼기에 이혼을 하게 되면 여러 부분에서 어려움을 겪을 수밖에 없는 것이 현실입니다. 조금이라도 남편분이 변화할 가능성이 있을지 시간을 갖고 고민해보시면 어떨까 합니다."

이 말에 상대방 변호사가 반박했다.

"하지만 이미 두 분의 부부관계는 파탄 상태입니다."

"그래서 한 가지 제안을 드립니다. 지금 당장 이혼을 결정하지 마시고 6개월 정도 별거를 하면서 부부 상담을 받아보시면 어떨까요. 정말 해결할 수 없는 문제인지, 가능성은 없는지 진지하게 대화를 나눠보시는 것은 어떨까 합니다. 그렇게 결정해주시면 박도영 님은 지금 바로 집을 공동 명의로 바꿀 의향이 있다고 하셨습니다."

아내가 처음으로 입을 열었다.

"정말… 정말로 이 사람이 바뀔 수 있다고 보세요?"

그 순간 나는 확신했다. 아직 희망이 있다는 것을.

"저도 서울가정법원에서 조정위원으로 활동하고 있습니다. 많은 부부들을 보았는데 진심으로 변하려는 의지가 있는 사람은 변할 수 있어요. 남편분은 변화 가능성이 있는 분입니다."

* * *

그날 조정은 '조정불성립'으로 끝났다. 하지만 그것은 새로운 시작을 위한 준비에 불과했다.

사실 일반적인 이혼 사건의 경우 조정이 성립하지 않으면 곧바로 본안 재판 절차로 넘어간다. 그렇게 되면 판사가 객관적인 증거들을 토대로 이혼 여부를 판단하게 된다. 만약 그렇게 본안 재판이 시작되었다면 이혼 사유가 너무 명백했기에 다른 결과를 기대하기 어려웠다.

다행히도 우리 쪽에서 제안한 부부 상담을 아내분이 받아들이면서 기회가 생겼다. 아내 측 변호인도 마지막으로 기회를 주고 싶다는 의사를 보였다. 무엇보다 조정위원들과 법원에서 이 부부에게 시간을 주기로 결정하지 않았다면 불가능했을 일이다.

돌이켜보니 내가 조정위원으로 활동하고 있었던 것이 도움이 되지 않았을까 싶다. 조정위원들의 마음을 이해할 수 있었고, 그분들도 내 말에 더욱 귀를 기울였던 것 같다. 물론 확신할 수는 없지만 말이다.

별거가 시작된 후 남편은 수시로 내게 전화를 했다.

"변호사님, 아내가 만나자고 해서 집에 갔는데 또 싸웠어요."

"어떤 이유로 싸우셨어요?"

"제가 또 늘 하던 대로 말했나 봐요. '저리 비켜봐, 내가 하고 말지' 이런 식으로요…."

"박도영 님. 그러시면 안 된다는 거 잘 아시죠? '우리가 함께 이렇게 해보자' 이렇게 말씀하셔야 합니다. 달라진 모습을 보여주셔야죠."

때로는 부부 상담에서 터져 나온 문제들로 내게 상담을 요청하기도 했다.

"상담사가 저한테만 자꾸 바뀌라고 해요."

"당연한 거라고 생각합니다. 지금까지 두 분 사이의 문제 원인이 누구로부터 시작되었는지 기억하시죠? 객관적으로 보았을 때 아내분이 변할 필요는 없다고 봐요. 박도영 님께서 변하셔야 합니다."

"알죠, 잘 압니다. 그런데 그게 너무 힘들어요."

"박도영 님, 한번 생각해보세요. 결혼 생활 25년 동안 아내분께서는 얼마나 힘드셨겠어요. 그동안 아내분이 어떠셨을지 생각해보시면 좋겠어요. 몇 달이라는 시간이 결코 긴 시간은 아니지만, 두 분의 남은 생을 어쩌면 완전히 바꿀 수 있는 마지막 기회라고 생각하셨으면 합니다."

때로는 좌절하는 그를 달래면서 포기하지 않도록, 더 잘할 수 있도록 자극하기도 했다.

"변호사님, 정말 잘 해결될 수 있을까요?"

"글쎄요. 박도영 님께서 노력하지 않으시면 절대 안 되는 건 확실합니다. 박도영 님의 의지에 달려 있어요."

* * *

6개월 후, 두 번째 조정기일이 되었다. 이번에는 일찍 도착해 조정실에 들어갔는데, 분위기가 사뭇 달랐다. 부부가 나란히 앉아 있었고 아내분의 표정도 처음 봤을 때와는 확연히 달랐다.

"그동안 어떠셨어요?"

조정위원의 물음에 아내분이 먼저 입을 열었다.

"많이 달라졌어요. 물론 완전히 바뀌었다고 할 수는 없지만, 바꾸려고 노력하는 게 보여요."

박도영 씨도 말했다.

"상담을 받으면서 제가 얼마나 이기적이었는지 알았어요. 앞으로도 계속 노력하려 합니다."

조정위원들이 서로 눈빛을 교환했다.

"그러면 이혼은 하지 않으시는 것으로…?"

"네, 다시 함께 잘 살아보려고 해요."

만족스러운 결과와 함께 조정을 마치고 사무실로 돌아오는 길에 그가 말했다.

"변호사님, 정말 고맙습니다. 변호사님이 아니었으면 지금 어떻게 되었을까요."

"제가 뭘 했나요. 박도영 님께서 의지를 가지고 변하신 거죠. 다만, 앞으로가 더 중요하다는 것 잘 알고 계시죠? 부부 상담을 계속 받으시고, 약속하신 것들 꼭 지키세요."

"네, 꼭 그러겠습니다."

물론 모든 부부가 이렇게 화해할 수 있는 건 아니다. 때로는 이혼이 서로에게 더 나은 선택일 수도 있다. 하지만 진짜 변하고 싶어 하는 사람, 처음 사랑을 되찾고 싶어 하는 사람이 있다면 그 마음에 한 번 더 기회를 주는 것도 나쁘지 않다는 생각이 든다.

법정에서는 승부를 가리지만, 때로는 아무도 지지 않는 결과가 가장 아름다울 때가 있다. 그날 조정실에서 나는 그런 아름다운 결과를 지켜봤다.

며칠 후, 조정조서가 완성되었다. 그 내용을 보니 뭉클한 마음이 들었다.

1. 원고는 이 사건 이혼 의사를 철회한다.
2. 원고와 피고는 다음의 각 사항을 준수하고 서로 협력하여 원만한 가정을 이루도록 노력한다.

(중략)

마. 피고는 원고와의 혼인 기간 중 혼인 파탄에 이르게 된 사실에 책임을 통감하고 원고에게 그 사과의 뜻을 0000. 00. 00.까지 편지로 전달한다.

법적 언어로 적힌 차가운 문서였지만, 그 안에는 한 남자의 진심 어린 반성과 두 사람이 다시 시작하겠다는 의지가 담겨 있었다. 특히 마지막 조항의 "사과의 뜻을… 편지로 전달한다"라는 문장을 보며 이 부부가 앞으로 어떻게 소통해갈지 그려지는 것 같았다.

그날 노을은 유난히 고왔다. 오늘 같은 날이면 세상이 조금 더 따뜻해진 것 같다는 생각도 했다. 그리고 내일은 또 어떤 사람의 이야기를 듣게 될지 벌써 기대가 되었다.

이럴 때는 변호사라는 직업을 선택한 것이 참 다행이다 싶다. 사람의 인생에서 가장 어려운 순간에 함께 할 수 있고, 때로는 작은 기적 같은 일들을 만들어갈 수 있으니까.

국내 첫 사건의
변호사

2015년 가을, 단풍이 막 물들기 시작할 무렵이었다. 사무실 문을 두드리는 소리가 평소보다 조심스러웠다. 들어오라고 했을 때 문틈으로 고개를 내민 여성의 얼굴에는 불안과 당황이 뒤섞여 있었다.

"변호사님, 안녕하세요. 소개받고 왔습니다."

김수진 씨는 40대 초반의 여성이었다. 얌전한 인상에 단정한 옷차림이었고 손끝은 미세하게 떨리고 있었다. 자리에 앉자마자 그는 한숨을 크게 내쉬었다.

"사실 지금까지 혼자서 대응했어요. 경찰 조사도 받고, 검찰 조사도 받고…. 경찰에서는 혐의 없음으로 검찰로 넘겼어요. 그런데 어제 검사님이 하시는 말씀을 듣고 보니 앞으로 정말 심각하게 진행될 것 같더라고요. 그래서 더는 저 혼자 상대하는 건 안 되겠다 싶어 찾아왔어요."

나는 차를 권하며 그간의 이야기들을 천천히 들었다. 그의 이야기는 예상보다 복잡했고 검찰에서 검토 중인 사건 이전부터 살펴보아야 할 필요가 있었다. 당시 검찰에서는 세 가지 혐의로 기소를 검토하고 있었다.

"변호사님, 솔직히 처음엔 이렇게까지 될 줄은 몰랐어요. 그런데 검찰에서 구속 영장을 신청할 수도 있다고 하시더라고요."

"일단 정확한 사실 파악을 위해 자세한 상황부터 들어보죠. 천천히 말씀해주세요."

그는 한참을 망설이다가 입을 열었다. 부부간에 있었던 일을 낯선 사람에게 털어놓는다는 것이 얼마나 어려운 일인지 그의 표정에서 읽을 수 있었다.

이야기를 정리하면 이랬다. 부부의 관계는 이미 오래 전부터 갈등을 겪고 있었다. 그 갈등이 극에 달하면서 별거에 들어간 이 부부는 결국 이혼 절차를 밟기로 합의했다. 문제는 봄에 발생한 사건이었다. 그의 요청으로 찾아온 남편은 29시간 동안 감금을 당했고, 그 과정에서 성폭행을 당했다며 신고한 것이다.

나는 그의 말을 들으며 속으로 생각했다. 2013년, 형법 개정으로 강간죄의 피해자가 '부녀'에서 '사람'으로 범위가 넓어지면서 여성에 대해서도 강간죄 처벌은 가능한 상황이었다. 실제로 개정된 형법의 적용을 받아 강간미수로 구속된 여성의 사례도 있었다. 부부간 강간죄가 성립한다는 대법원 판결 또한 2013년에 나왔지만, 아내가 남편을 상대로 강간을 했다는 혐의로 기소된 건은 아직 없었다.

그의 설명을 들으면서 마음이 복잡했다. 이혼 증거 확보를 위해 남편을 결박하고 발언을 녹음한다는 것은 정당화할 수 없는 행위였기 때문이다. 변호사로서 의뢰인을 변호해야 하지만, 인간적으로는 당시 남편이 느꼈을 공포도 충분히 이해할 수 있었다.

* * *

며칠 후, 구속 영장이 발부되었다. 사건의 경위를 살펴보면서 불구속 기대도 했지만 법원의 판단은 달랐다.

"김수진 님. 이번 사건은 아무래도 여러 언론에서 관심을 가질 겁니다. 어느 정도 마음의 준비를 하시는 것이 좋겠어요."

"언론이요? 왜요?"

"2013년에 대법원에서 부부간에도 강간죄가 성립한다고 판결을 했습니다. 그런데 아내가 남편을 상대로 강간했다는 혐의로 구속된 사건은 이번이 처음이거든요. 이렇게 이슈가 될 만한 요소가 있어서 언론에서 주목할 것으로 예상을 하고 있습니다."

내 예상이 맞았다. 검찰에서는 보도자료를 배포했고, 각종 언론사에서 연락이 쏟아졌다. "국내 첫 남편 강간 기소"라는 타이틀은 언론의 관심을 끌기에 충분했다.

나는 이 사건의 경우 검찰에서 구속영장을 청구한 사실관계가 불명확하고, 상황적으로 부부강간이 성립할 수 없다는 이유로 보석 신청을 했다. 다행히 법원에서는 보석 신청을 허가했다. 피고인의 방어권을 보장할 필요성이 있고, 당시 피고인의 건강 상태도 감안해 판단한 것이다.

나는 이 사건을 위해 할 수 있는 모든 것을 했다. 사건 현장을 직접 가서 살펴보고, 관련 증거들을 하나하나 꼼꼼하게 분석했다. 목격자들과도 만나서 이야기를 들었다. 또한 법리적 쟁점들도 세밀하게 검토했다. 그는 나의 이런 노력들을 무척 고마워했다. 하지만 나에게는 당연한 일이었다. 변호사라면 의뢰인을 위해 최선을 다하는 것이 기본 아닌가.

재판 준비를 하면서 나는 이 사건의 핵심이 무엇인지

계속 고민했다. 사실관계를 정확히 파악하는 것이 가장 중요했다. 내 역할은 사실을 왜곡하는 것이 아니라, 의뢰인이 처한 상황과 사건의 경위를 법정에 정확히 전달하는 것이다. 없는 사실을 만들어낼 수는 없으니까.

변호사로서 의뢰인의 권익 보호가 우선이지만, 이 사건의 상대방인 남편도 고려하지 않을 수 없었다. 이것이 변호사라는 직업의 숙명이기도 했다. 개인적 판단과 감정을 떠나 의뢰인에게 주어진 법적 권리가 최대한 보장을 받도록, 억울함 없이 공정한 판단을 받도록 전문적인 도움을 제공하는 것. 이것이 법치주의 국가에서 변호사가 해야 할 역할이다. 사건에 대한 최종 판단은 법원이 공정하게 내릴 것이라고 믿었다. 변호사로서 할 수 있는 일은 객관적 증거와 정황을 통해 진실을 밝혀내는 것뿐이었다.

* * *

재판이 시작되었다. 법정에는 예상보다 많은 방청객들이 있었다. 언론의 관심 때문이었다. 김수진 씨는 긴장한 듯 내 손을 꼭 쥐었다.

"괜찮아요. 우리가 준비한 대로 하면 됩니다."

나는 그에게 작은 목소리로 속삭였다. 그는 고개를 끄

덕이며 작게 미소를 지었다.

재판이 진행되는 동안 나는 준비한 모든 것을 쏟아부었다. 사건의 경위를 상세히 설명하고, 관련 증거들을 체계적으로 제시했다. 당연히 검사의 논고도 만만치 않았다. 이렇게 양측의 주장이 첨예하게 대립하는 상황에서 나는 객관적 사실에 기반한 변론에 집중했다. 특히 강간 혐의에 대해서는 구체적인 상황과 맥락을 들어 반박했고, 법리적 근거를 들며 변론을 진행했다.

시간이 지나 판결 선고일이 다가오고 있었다. 의뢰인은 며칠 전부터 잠을 제대로 이루지 못했다고 했다.

"변호사님, 결과가 어떻게 나올까요?"

"최선을 다했으니까 좋은 결과가 있을 겁니다."

나는 항상 그랬듯 긍정적으로 대답했다. 물론 내 마음도 조마조마하긴 했지만, 의뢰인 앞에서 흔들리는 모습을 보이고 싶지 않았다.

판결 선고 당일, 법정은 긴장감으로 가득했다. 재판장이 입을 열었다.

"피고인에게 징역 8개월에 집행유예 2년을 선고한다."

감금 혐의는 유죄, 하지만 강간 부분은 무죄. 나는 속으로 안도의 한숨을 내쉬었다. 완전한 무죄는 아니었지만, 가장 중요한 쟁점인 강간 혐의에 대해서는 우리 주장이 받아

들여진 것이다.

의뢰인을 위해 최선을 다했고 모두 무죄는 아니었지만, 그럼에도 판결 내용은 다행이라고 생각했다. 한편으로는 감금죄가 인정되었다는 것은 남편이 고통을 겪었다는 것을 법원이 분명하게 인정했다는 뜻이기도 했다. 이 사건은 승자도 패자도 없는 것이 아닌가 싶었다. 모두 상처를 입은 사람들이었다.

* * *

재판이 끝나고 며칠 뒤, 김수진 씨가 사무실로 찾아왔다. 재판 때와는 달리 한결 밝은 표정이었다.

"변호사님, 정말 감사했어요. 변호사님이 아니었으면 어떻게 됐을까요."

"그간 고생 많으셨습니다. 앞으로는 더 행복하시기만을 바라요."

그는 고개를 끄덕이며 웃었다. 그 웃음에서 안도감을 느낄 수 있었다.

재판은 끝났고 또 한 명의 사람이 새로운 출발선에 설 수 있게 되었다. 그가 다시 자신의 삶을 살아갈 수 있게 된 것은 다행이다. 동시에 남편 역시 다시금 새롭게 삶을 그려갈 수 있기를 마음으로 바랐다.

    법조계에서 '첫 번째'라는 타이틀이 붙은 사건을 담당하게 된 것은 영광이었지만, 그만큼 무거운 책임감도 느꼈다. 이 사건이 앞으로 유사한 사안들에 어떤 영향을 미칠지, 그리고 사회가 부부간 성범죄를 어떻게 이해하게 될지 생각해보게 된다.

    이 사건을 통해 나는 다시 깨달았다. 법정에서는 양측이 근거를 바탕으로 주장을 내세우며 잘잘못을 가리지만, 이런 사건에서는 그럴 수 없다. 결국 당사자들은 각자의 상처를 안고 살아가야 한다. 변호사로서 할 수 있는 일은 법적 절차를 통해 최선의 결과를 얻는 것이지만, 그것만으로는 모든 아픔이 치유되지 않는다는 것을 느끼기도 했다. 의뢰인이 다시 일상으로 돌아갈 수 있도록 돕는 것. 이것이 변호사로서 해야 할 중요한 역할은 아닐까.

그의 말을
어디까지 믿어야 할까

　변호사가 된 지 얼마 되지 않았던 때인 2004년 어느 봄날. 법원으로부터 한지석이라는 살인미수 피고인의 국선 변호인으로 선임되었다는 통지서가 도착했다. 살인미수. 그동안 다양한 사람들의 사연을 접했지만, 살인미수 사건은 또 다른 차원의 무게감으로 다가왔다.

　한지석. 24세 남성. 연인 관계였던 피해자를 칼로 찔러 상해를 입힌 혐의였다. 사건 서류를 받아 들고 개요를 살펴보니 검찰은 피고인이 계획적으로 범행을 저질렀다고 주장하고 있었고, 피고인 측은 우발적 행위였다고 반박하고 있었다. 무엇보다 한 사람이 심각한 상해를 입었다는 사실이

이 사건의 무게를 말하고 있었다.

구치소로 가서 한지석 씨를 처음 만났을 때의 기억은 지금도 생생하다. 살인미수라는 혐의로 구금된 것에 대한 긴장과 불안 그리고 변호인이라고 찾아온 나를 향한 불신이 섞인 눈빛이었다.

"변호사님, 저는 정말 죽일 생각이 없었어요. 정말이에요. 믿어주세요. 그냥… 겁을 주려고 했을 뿐이에요."

그의 목소리는 떨리고 있었다. 24세라는 젊은 나이에 구치소에 수감되어 있는 현실을 보니 마음이 복잡했다. 다만 내가 그의 변호인이기는 하지만 그의 진술을 모두 진실이라고 단정할 수는 없었다. 역시 젊은 나이인 피해자는 큰 상처를 입고 지금도 고통을 받고 있다는 것을 간과할 수 없었다. 변호사로서 나는 냉정하게 사건을 파악해야 했다.

"한지석 님, 저는 한지석 님의 변호인입니다. 한지석 님을 위해 변론을 잘 하기 위해서는 변호인인 저를 신뢰하고 진실을 말해주셔야 합니다. 그 당시 상황에 대해서 구체적으로 차근차근 설명해주세요."

그는 무척 불안한 심리 상태였기에 때로는 무척 방어적이었고, 시점을 오가며 생각나는 것부터 말했기에 내용을 잘 정리하며 들어야 했다. 피해자와 어떤 갈등이 있었는지, 그날 만나게 된 상황 그리고 사건이 일어나게 된 경위를 중심으로 질문하고 답을 들었다. 사건 관련 자료에서 확인한 것처럼 검찰의 공소 사실과 그의 주장은 몇 가지 지점에서 달랐다. 특히 처음부터 피해자를 계획적으로 살해하려 했다는 부분에서 분명하게 갈렸다.

수차례 접견과 상담을 거치면서 사건을 둘러싼 내용을 좀 더 구체적으로 확인할 수 있었다. 그의 말에 따르면 자신은 피해자를 깊이 사랑했다. 하지만 피해자가 다른 남성과 친밀하게 지내고 용납할 수 없는 행동을 했다는 것을 알게 되면서 자신을 배신했다고 느꼈을 때의 충격은 상상 이상이었다고 했다. 절박한 상황에서 빠져나오려는 그의 심정은 이해하지만, 일방적인 주장이라는 것은 잊지 않아야 했다. 피해자에게는 전혀 다른 사정과 입장이 있을 수 있는 터였다.

면담을 거듭하면서 그는 나에게 마음을 열기 시작했다. 그가 그렇게까지 배신감을 느끼고 극단적 행동에 나서게 된 속내는 무엇인지 조금씩 꺼내 보였다.

"사실 저는 고등학생 때 제가 입양아라는 걸 알게 됐어요. 우연히요. 지금까지 부모님이라고 생각했던 분들이 친부모가 아니라는 걸 알았을 때는 정말 충격이었어요. 내가 누구인지도 모르겠고, 지금까지 살아온 게 다 거짓말 같다는 생각도 들었거든요. 그 후로 누군가를 만날 때 나도 모르게 믿지 못하는 게 생긴 것 같아요."

입양 사실을 뒤늦게 알게 된 충격. 그것이 그를 정서적으로 불안정하게 만들었고 급기야 집을 나와 지내게 되면서 삶의 방향이 어긋나기 시작했던 것이다. 이렇게 누적된 상처는 그의 심리 상태를 예측하지 못한 상황까지 끌고 갔을 수 있다. 성장 배경을 통해 그의 심리 상태가 어떻게 형성되었는지 이해할 수 있는 단서가 되기도 했지만, 타인에게 심각한 해를 입힌 것까지 정당화할 수는 없는 일이었다. 변호인으로서 의뢰인을 만날 때마다 느꼈던 복잡한 마음을 이 사건에서도 느꼈다.

* * *

사건 기록을 하나하나 살펴보면서 피고인의 진술과 검찰의 주장 사이에서 무엇이 진실인지 하나씩 찾아가기 시작했다. 검찰에게도 그들의 주장을 뒷받침할 충분한 근거가 있었다. 피고인이 흉기를 미리 준비한 것은 부인할 수 없는 사실이었다. 그리고 피해자를 만나기 위해 장소를 알아보았다는 것은 계획성을 시사하는 정황이었다.

동시에 나는 한지석 씨의 변호인으로서 피고인에게 유리한 사실도 놓칠 수 없었다. 그러면서 변호를 진행할 논리를 준비했다. 계획적 살인이 아니라 감정적 충동에 의한 것이라는 점을 근거와 함께 제대로 증명해야 했다. 특히 그의 불안정한 심리 상태가 이런 극단적 행동의 배경이 되었다는 점을 부각시켜야 했다.

재판 기일이 다가왔다. 아직 남은 생이 긴 그가 적정한 처벌을 받고 진정한 반성과 재활의 기회를 가질 수 있도록 변호사로서 최선을 다해야 했다. 그 마음을 다지며 재판을 준비했다.

법정에서 검사는 차분하면서도 날카롭게 공소 사실을 진술했다. 검사는 피고인의 행위가 계획적이고 의도적이었다고 주장했다. 상해를 입힐 목적으로 흉기를 준비한 점, 피해자를 계획한 장소로 불러낸 점, 생명에 중대한 위험이 될 수 있는 방법으로 폭력을 행사한 점을 들었다. 나는 피고인의 행위가 잘못되었다는 점은 인정하면서 준비한 논리를 바탕으로 경중을 가려줄 것을 변론의 요지로 삼았다.

몇 차례 공판을 거치면서 한지석 씨 진술처럼 피해자의 목숨을 앗아갈 의도로 칼을 들었던 것이 아니었다는 점을 최선을 다해 주장했다. 피해자에 대한 복잡한 감정과 분노, 이로 인해 느낀 배신과 절망감이 만들어낸 순간적 충동이었다는 것도 함께였다.

법정에 자리한 그는 처음 만났을 때보다는 많이 차분

해지고 생각이 많아진 모습이었다. 법정에서 피해자 측의 주장을 접하며 느낀 것이 많았을 터였다. 피해자가 입은 상해 정도와 그 가족들이 겪고 있는 공포 그리고 고통을 보며 자신의 행동이 어떤 결과를 초래했는지 돌아보고 반성하고 있다고 믿었다.

최종 판결이 있던 날, 나는 가슴이 두근거렸다. 첫 번째 국선 변호 사건. 그것도 살인미수라는 중대한 범죄 피의자의 변호. 과연 나는 이 사람을 위해, 정의를 위해 올바르게 변호를 했을까.

결과는 실형이었다.

* * *

나는 변호사로서 이 사건에서 무죄 추정의 원칙 하에서 의뢰인의 법적 권리를 최대한 보장하고, 적법 절차가 제대로 지켜지는지 감시하며, 검찰의 주장에 대해 합리적 의심을 제기하려 노력했다. 또한 피고인의 인권을 보호하는 것도 중요하지만, 피해자와 사회 전체의 관점에서도 법원이 공정하고 정의로운 판단을 내릴 수 있도록 하기 위해 할 수 있는 모든 것을 다했다.

한지석 씨는 복역을 마치고 출소한 후 나를 찾아와 감

사하다며 인사를 전했다. 입양 사실을 알게 된 후 떠났던 고향집으로 다시 돌아갔고, 이제는 부모님을 모시며 생활하고 있다는 소식도 들었다. 그리고 무엇보다 자신의 죄에 대해 진심으로 반성하는 시간을 보냈다고 했다.

법이란 죄를 분명하게 묻고 벌하기 위함이기도 하지만, 지난 시간의 잘못을 돌아보고 새롭게 시작할 수 있도록 기회를 허락하기 위해 존재하는 것이기도 하다. 사람은 잘못을 저지를 수 있다. 중요한 것은 그 잘못을 인정하는 것, 그것으로 인한 피해를 회복할 수 있도록 책임을 지고 대가를 치르는 것이다. 또한 그 잘못을 통해 버려야 할 것은 무엇이고 어떻게 변해야 하는지를 깨달아 다시 일어서 사회의 일원으로 책임을 다할 수 있어야 한다. 변호사로서 내가 할 수 있는 일은 그런 사람들이 다시 일어설 수 있도록 도와주는 것이다. 그것이 법이 존재하는 이유이고, 내가 변호사가 된 이유이기도 하다.

지금도 가끔 그때를 생각한다. 변호사 활동을 시작했던 초기에 경험한 큰 도전. 그 도전을 통해 나는 변호사라는 직업이 단순히 법적 지식을 활용하는 것이 아니라, 사람에 대한 깊은 이해와 공감이 필요한 일이라는 것을 마음에 새기게 되었다.

나는 오늘도 마음속으로 다짐한다. 어떤 사건을 맡든,

어떤 의뢰인을 만나든 보이는 것을 넘어 내면을 들여다보는 노력을 게을리 하지 않겠다고. 동시에 감정적 공감이나 이해를 넘어 객관적인 설득으로 이어지도록 노력하겠다고. 이것이 법을 다루는 사람으로서 놓치지 말아야 할 책임임을 잊지 않겠다고.

그럼에도
삶은 계속된다

　2002년 초 어느 추운 겨울날, 군산에서 일어난 화재 사건이 온 나라를 충격에 빠뜨렸다. 윤락가에서 발생한 화재로 성매매에 종사하던 여성 열네 명과 남성 지배인 한 명까지 많은 사람들이 목숨을 잃었다. 문제는 그 여성들이 탈출하지 못하도록 되어 있었다는 점이다. 미로 같은 공간 구조도 문제였지만 창문과 출입문은 쇠창살로 막혀 있었고, 무엇보다 안과 밖에서 모두 잠글 수 있는 이중 자물쇠가 설치되어 화재는 물론이고 평상시에도 정상적인 출입이 불가능했다. 나는 이 뉴스를 보며 가슴이 먹먹했다. 아니, 도대체 사람을 이렇게까지 가둬놓을 수 있다는 말인가.

이 사건을 계기로 성매매 여성의 인권 문제가 사회적 이목을 끌게 되었다. 그러면서 여성단체를 중심으로 성매매 알선 등 범죄 행위의 처벌과 실효성 있는 방지 그리고 성을 상품화하는 일체의 전달 체계 또는 매개체를 붕괴시키려는 노력이 이어졌다. 또한 상품화된 여성의 탈 매춘과 자발적인 자립, 자활 프로그램 참여를 통한 사회 복귀를 돕는 것에 주안점을 두고 입법 활동도 진행되었다. 그 결과 드디어 2004년에 성매매 근절을 위한 예방적 차원에서의 성매매 피해자 보호와 지원을 주요 골자로 하는 '성매매 방지 및 피해자 보호 등에 관한 법률'이 제정되었다.

그때만 해도 나는 초보 변호사 티를 갓 벗은 신출내기였다. 그렇지만 변호사 활동 초기부터 함께한 성남여성의전화에서 무료 상담을 하며 조금씩 여성들의 아픔을 접하고 있던 터라 특별히 마음이 쓰였다. 군산 사건 이후 여성 단체들을 중심으로 성매매 여성 구조 활동이 활발해졌고 나도 자연스럽게 그 일에 참여하게 되었다.

* * *

처음 만난 장수정 씨는 스무 살이 갓 넘은 앳된 얼굴이었다. 상담실에 들어올 때부터 고개를 푹 숙이고 있어서 얼굴을 제대로 보기 어려웠다.

"안녕하세요, 장수정 님. 편하게 앉으세요."

"네, 감사합니다…."

겨우 들릴 정도의 작은 목소리였다. 한참을 기다린 후에야 그가 입을 열었다.

"변호사님, 저는 정말 나쁜 일을 한 건가요?"

"무슨 말씀이세요?"

"업주가… 업주가 저를 고소했어요. 사기죄로요."

그의 이야기를 들으며 나는 점점 분노가 치밀어 올랐다. 성매매 특별법이 제정된 것은 집창촌 외에도 변형된 성매매가 늘어나고 있어서 이를 근절하기 위함이었다. 그런데 정작 그 법이 보호해야 할 피해자들은 오히려 범죄자 취급을 받고 있었다.

"이게 도대체 뭐예요?"

그가 건넨 서류를 보고 나는 한숨을 내쉬었다. 이른바 '정산 내역'이라는 것이었는데, 도저히 이해할 수 없는 항목들로 빼곡했다.

화장품비: 30만 원

의류비: 40만 원

생활비: 55만 원

숙식비: 50만 원

일 못한 날 벌금: 4일, 40만 원

⋮

"업주가 이걸 다 갚아야 한다고 말해요. 선불금이라면서요."

"선불금이요? 이런 항목도 선불금에 들어간다고요?"

"네…. 제가 일하고 생활하는 방도 월세를 내야 한대요. 하루라도 일을 못하면 벌금을 물어야 하고요…."

업주들의 행태는 정말 악랄했다. 성매매에 종사하는 여성들을 완전히 통제하기 위해 온갖 명목으로 빚을 만들어 냈다. 그리고 그 빚 때문에 여성들은 그곳을 벗어날 수 없게 되는 것이다.

"그런데 다른 업소에서 이 빚을 대신 갚아주겠다고 하더라구요. 그래서 따라갔는데, 거기서도 똑같았어요. 아니, 더 심했어요. 그래서 도망쳤는데…."

"그래서 사기죄로 고소를 당한 거군요."

그가 고개를 끄덕였다. 눈에서는 눈물이 떨어졌다.

이런 그에게 사기죄로 소송을 걸다니. 도대체 누가 누구를 속인 건지 모르겠다는 생각이 들었다. 그와 같은 경우가 한둘이 아니었다. 업주들은 서로 결탁해서 성매매 여성들을 주고받으며 그들의 빚을 계속 늘려 업주의 손아귀에서 빠져나갈 수 없도록 했다. 그리고 여성들이 도망을 가면 사기죄로 고소하는 것이다. 일부 경찰들이 업주와 결탁되어 있는 경우도 있어 기소되어 전과자가 되는 여성들도 적지 않았다.

"변호사님, 저는 정말 이 빚을 다 갚아야 하나요?"

상담을 받으러 온 또 다른 여성이 물었다. 이미 몇 번째 듣는 질문이었다.

"아니에요. 전혀 갚을 필요 없습니다."

"정말요? 하지만 계약서도 있고…."

"그 계약서 자체가 법적으로 보면 무효예요."

나는 그에게 '채무 부존재 확인 소송'에 대해 설명했다. 쉽게 말해서 그런 빚은 애초에 존재하지 않는다는 것을 법원에서 확인받는 절차다. 성매매를 전제로 한 채권은 민법상 선량한 풍속에 반하는 것으로 무효이기 때문이다.

"하지만 저를 계속 괴롭힐 텐데요…."

"그럴 때는 다른 방법도 있습니다."

어떤 경우에는 오히려 우리가 공격적으로 나가기도 했다. 선불금 채권 무효 소송은 물론이고, 성매매 여성들이 메모로 남긴 일한 내역을 근거로 미지급 임금 청구 소송을 걸기도 했다. 성매매 행위 자체는 불법이지만, 그렇다고 해서 업주가 여성들의 노동력을 착취할 권리는 없으니까. 부당이득 반환 청구 소송도 유용했다.

* * *

이들을 만나면서 가장 안타까웠던 것은 공통적으로 발견할 수 있는 배경이었다. 상담을 하다 보면 반복해서 접하게 되는 상황 때문에 너무도 마음이 아팠다.
"부모님은 어디 계세요?"
"아버지는 집에서 매일 술만 드셨고, 어머니는 집을 나가셨어요. 제가 중학교 때였나…."
"그럼 누가 여기로 데리고 왔어요?"
"집 밖에서 생활할 때 돌봐준 분이요. 돈을 벌 수 있는 좋은 일자리가 있다고 해서 따라왔는데 이런 일을 할 거라고는 생각하지 못했어요…."
안정적이고 정상적인 가족 안에서 생활한 경험이 없다 보니 거짓된 보살핌에 쉽게 빠졌다. 그러다 자신의 의지와 관계없이 이러한 곳에 빠져들게 되는 경우가 많았다. 게다가 자립할 수 있는 역량도 부족해서 그곳만이 살아갈 수 있는 유일한 공간이라고 생각하기도 했다.
"변호사님, 제가 다른 일을 할 수 있을까요? 저는 중학교도 제대로 나오지 않았는데요…."

"물론이죠. 당연히 할 수 있습니다. 그런 건 중요하지 않아요. 지금부터 시작하면 됩니다."

나는 항상 긍정적으로 대답했다. 실제로 많은 여성들이 그곳을 벗어나 새로운 삶을 시작했다. 물론 쉬운 일은 아니었지만, 결코 불가능한 일도 아니었다.

가장 기억에 남는 사건은 업주의 집요함 때문에 파산 신청까지 해야 했던 경우였다.

"변호사님, 업주가 계속 찾아와요. 남은 빚을 갚으라고요. 그리고 다시 일하러 나오라고 해요."

이미 채무 부존재 확인 판결을 받았음에도 불구하고 업주는 포기하지 않은 듯했다. 다른 이유를 들면서 계속 괴롭혔고, 심지어 폭력까지도 사용했다.

"이럴 때는 더 확실한 방법이 필요합니다."

나는 그에게 파산 신청을 권했다. 파산 신청을 하고 면책허가를 받으면 법적으로 채무에서 자유로워질 수 있기 때문이다. 그렇게 되면 업주도 더 이상 그를 괴롭힐 명분이 없어지게 된다.

"파산이요? 그럼 저는 정말 망한 사람이 되는 건가요?"

"아닙니다. 파산은 망했다거나 실패한 것이 절대 아니에요. 다만 당장은 힘들 수도 있어요. 하지만 새로 시작할 수 있는 기회를 얻게 되면 훨씬 더 나은 삶을 살아갈 수 있어요."

그는 파산이라는 단어에 대한 부정적인 인식과 정말로 채무에서 벗어날 수 있을지 확신하지 못해 망설였다. 하지만 나는 파산은 재기의 기회를 주는 제도라고, 다시 일어설 수 있는 발판이라고 계속 설득했다.

결국 그는 파산 신청을 했고, 면책허가를 받았다. 그 후로는 업주의 괴롭힘도 멈췄다. 몇 년 후, 전해 들은 바로는 카페에서 아르바이트를 하면서 검정고시도 준비하고 있다고 했다.

* * *

지금 생각하면 그때가 내 변호사 인생에서 가장 보람찬 시기 중 하나였던 것 같다. 법이란 단순히 조문에 적힌 글자가 아니라, 사람을 구하는 도구가 될 수 있다는 것을 실감했으니까. 물론 모든 사건이 해피엔딩으로 끝나지는 않았다. 여전히 그 굴레에서 벗어나지 못한 여성들도 있었고, 다시 그곳으로 돌아간 이들도 있었다. 부디 그들에게 힘든 상황 속에서도 다시 한번 새로운 삶을 살 수 있는 기회가 오기를, 또 다른 도움의 손길을 만날 수 있기를 간절한 마음으로

소망한다.

성매매 특별법이 제정된 이유는 분명하다. 집창촌뿐만 아니라 다양한 형태로 변화하는 성매매를 근절하기 위함이다. 법조문보다 더 중요한 것은 그 법을 어떻게 적용하느냐다. 피해자를 보호하고, 가해자를 처벌하는 것. 그것이 법의 진정한 목적이어야 한다.

요즘도 가끔 그때 만났던 여성들 생각이 난다. 지금쯤 어디에서 무얼 하며 살고 있을까. 혹시 어려운 일이 생기면 언제든 연락하라고 했는데 연락이 없는 걸 보니 잘 살고 있겠지.

변호사라는 직업이 때로는 차갑고 메마른 것 같지만, 사실은 사람의 온기가 가장 필요한 일이라는 생각을 한다. 그 사람들이 다시 웃을 수 있게 도와주는 것. 그것이 나와 같은 사람들이 해야 할 일 아닐까.

어딘가에는 여러 모습으로 보이지 않는 족쇄에 묶여 있는 사람들이 있을 것이다. 그들에게 절대 포기하지 않았으면 좋겠다고 말하고 싶다. 세상에는 당신을 도우려는 사람들이 있고, 당신을 위한 법이 있다. 그리고 무엇보다, 당신에게는 새로 시작할 권리가 있다.

가장 좋은 친구가
될 거예요

"아이는 어때요? 잘 크고 있나요?"

"네, 정말 잘 커요. 요즘엔 '엄마'라고 말하려고 해요. 아직 정확하지는 않지만요."

류선미 씨의 눈가에 살며시 웃음이 번졌다.

"그런데 정말 신기해요. 변호사님 말씀처럼 이 아이가 저의 가장 좋은 친구가 될 것 같다는 느낌이 드는 거예요."

이 말을 들으니 예전 일이 마치 어제 있었던 것처럼 머릿속에 생생하게 떠올랐다. 처음 그가 내 사무실을 찾았던 날의 모습 말이다.

* * *

"변호사님, 이혼하고 싶어요."

어느 겨울날, 류선미 씨가 내 사무실 문을 두드렸다. 젊은 나이였기에 생기 있어야 할 얼굴에는 그늘이 짙었고 표정은 꽤 굳어 있었다.

"류선미 님, 남편과는 언제 결혼하셨어요?"

"음, 2년 정도 됐네요."

"아이가 한 명 있다고 하셨죠?"

"네, 올해 6월에 태어났어요. 이제 6개월 됐고요."

갓난아기를 두고 이혼을 결심하기까지 얼마나 많은 고민이 있었을까. 나는 조심스럽게 물었다.

"어떤 이유로 이혼을 결심하게 되셨나요?"

그는 잠시 망설이더니 입을 열었다.

"사실 처음부터 사랑해서 결혼한 건 아니었어요. 나이가 되니까 부모님이 소개해주셨고, 그냥 다들 그렇겠거니 하고 결혼했죠. 근데 같이 살아보니까 남편이랑 저는 정말 안 맞았어요. 사소한 것부터 큰 것까지, 생각하는 게 다 달라요. 음식 취향도 다르고, 생활 패턴도 다르고, 대화도 잘 안 돼요. 아이가 태어나고 나서는 더 심해졌어요. 육아 방식도 달라서 맨날 싸웠고요."

그의 목소리에는 지친 기색이 역력했다.

"그럼 아이 양육권은 어떻게 하실 생각이신가요?"

이 질문에 그는 한참을 망설였다.

"사실… 남편이 입양을 보내자고 했어요. 남편도 키우기 힘들다고 하고, 저도 지금 대학원을 다니고 있어서요. 친정 엄마도 입양을 보내라고 해요."

나는 내색하지는 않았지만 속으로 깜짝 놀랐다. 6개월밖에 안 된 아기를 입양 보내겠다니.

"어머님께서 왜 그런 말씀을 하셨을까요?"

"아이가 아빠를 많이 닮았다고 생각하시나 봐요. '네 서방네 아이지, 우리 아이가 아니다'라고 하시면서…."

그의 목소리가 작아졌다. 이야기를 들으며 마음이 복잡해졌다. 물론 이혼은 당사자가 결정할 일이지만, 6개월 된 아기를 포기한다는 결정을 하게 된 것은 안타까웠다.

"류선미 님은 정말로 입양을 원하시는 건가요?"

"잘 모르겠어요. 솔직히 말하면 키우기 힘들 것 같기도 해요. 하지만 한편으론 제가 낳은 아이인데…."

그의 목소리에서 갈등이 느껴졌다. 나는 그가 더 나은 결정을 할 수 있도록 돕고 싶었다.

며칠 후, 나는 그와 다시 만났다.

"생각해보셨어요?"

"네. 그런데 정말 모르겠어요. 주변에서는 다들 입양 보내라고 해요."

나는 커피를 한 모금 마시고 말했다.

"제가 요즘 만나는 분들의 이야기를 해드릴게요. 40대 중반인 제 지인 중에 아직 결혼을 안 한 여자분들이 꽤 있어요. 그분들과 이야기를 하다 보면 재미있는 공통점이 하나 있더라고요."

그가 호기심 어린 눈으로 나를 바라봤다.

"뭔데요?"

"남편은 필요 없지만, 아이는 낳아서 키우고 싶다고 하는 분들이 많아요. '아이 하나쯤은 있어야 나이 들어서 외롭지 않을 텐데'라고 말씀하시더라고요. 그런데 류선미 님은 이미 아이가 있잖아요. 세상에 공짜는 없다고 하죠. 아이를 키우는 건 분명 힘들겠지만, 그만큼 얻는 것도 클 거예요."

그가 고개를 끄덕였다.

"저도 그런 생각을 안 해본 건 아니에요. 그런데 주변에서 너무 반대해서…."

"주변 사람들 말도 중요하지만, 결국 결정하고 책임지는 건 류선미 님이잖아요."

나는 조금 더 구체적으로 이야기해보기로 했다.

"경제적으로 어려우신가요?"

"아니요. 그런 건 아니에요."

"그럼 양육할 여건이 안 되시나요?"

"음…. 대학원은 다니고 있지만, 친정 도움을 받으면서 키울 수는 있을 것 같아요."

나는 잠시 말을 멈추고 그의 표정을 살폈다. 여전히 고민스러운 표정이었지만, 처음 만났을 때보다는 훨씬 진지하게 고민하는 듯했다.

"솔직히 말씀드리면, 형편이 어려운 것도 아닌 상황에서 아이를 입양 보내면 나중에 양심에 걸릴 수도 있어요. 특히 그 아이가 커서 엄마를 찾게 된다고 해봐요. 그런 상황이 되면 류선미 님께서 힘들 수도 있습니다."

그의 얼굴이 조금 굳어졌다.

"그런 일이 있을까요?"

"요즘은 입양 아이들도 성인이 되면 친부모를 찾는 경우가 많아요. 그때 부모가 '이혼하면서 키우기 힘들어 입양을 보냈다'라는 사실을 알게 된다면 어떨까요?"

그가 한참을 생각하더니 작은 목소리로 말했다.

"그런 건 생각을 안 해봤어요."

"물론 지금 당장은 힘들 수 있어요. 하지만 아이를 잘 키우면 훗날 정말 좋은 친구가 될 거예요. 엄마와 딸의 관계를 넘어서요."

그는 일주일 동안 고민했다. 남편과도 다시 이야기를 해보고, 친정 부모님과도 긴 대화를 나눴다고 했다. 다시 내 사무실을 찾은 그의 목소리는 처음보다 훨씬 확신에 차 있었다.

"변호사님, 결정했어요. 아이는 제가 키우려고요."

"어떻게 마음을 바꾸게 되셨어요?"

"변호사님 말씀을 계속 생각했어요. 그리고 아이를 보는데 갑자기 이런 생각이 들더라고요. '이 아이가 20년 후에 저를 찾는다면 뭐라고 말할 수 있을까…?' 그리고 친정 엄마한테도 말했어요. '이 아이도 엄마 외손녀잖아요. 아빠를 닮았다고 해서 우리 아이가 아닌 건 아니에요'라고요."

"어머님의 반응은 어떠셨나요?"

"처음엔 화를 내셨는데, 나중에는 그래도 엄마인 네 결정이니까 존중한다고 하시더라고요. 육아는 어머니께서 많이 도와주겠다고 하셨어요."

나는 안도의 한숨을 쉬었다.

이후 이혼 절차는 생각보다 순조롭게 진행되었다. 양쪽 모두 빨리 끝내고 싶어 했고, 재산 분할이나 위자료 문제도 크게 다툴 일이 없었다.

　　　　　　　　＊　＊　＊

"정말 신기해요. 변호사님께서 말씀하신 것처럼 이 아이가 이미 제 가장 좋은 친구가 된 것 같아요."

"벌써요? 아직 돌도 안 됐는데?"

"네, 정말 신기해요. 이 아이랑 있으면 외롭지가 않아요. 물론 힘들 때가 많지만, 그보다 행복한 순간이 훨씬 더 많아요."

그가 핸드폰에서 아이 사진을 보여줬다. 통통한 볼에 동그란 눈을 가진 귀여운 모습이었다.

"요즘은 까꿍 놀이를 좋아해서 하루 종일 까꿍만 해달라고 해요. 처음엔 귀여웠는데, 100번쯤 하니까 좀 지치더라고요."

우리는 함께 웃었다.

"그래도 후회 안 하시죠?"

"전혀요. 오히려 그때 변호사님께서 저를 설득하신 것을 정말 감사하게 생각하고 있어요. 만약 입양을 보냈더라면 평생 후회했을 것 같아요."

그의 얼굴에는 확신이 가득했다.

"어머님은 어떠신가요?"

"이제는 외손녀 바보가 되셨어요. 아이가 조금만 보채

도 '아이고, 우리 공주님, 왜 그러실까요' 하시면서 난리예요. 처음엔 걱정이 많았는데, 지금은 온 가족이 이 아이 중심으로 돌아가고 있어요."

그와 헤어진 후, 집으로 가는 길에 나는 생각에 잠겼다. 가정을 꾸린다는 것, 아이를 키운다는 것. 분명 쉬운 일은 아니다. 하지만 그 안에서 찾을 수 있는 기쁨과 보람도 분명히 있다. 무엇보다 혈육이라는 끈은 생각보다 훨씬 강하고 소중하다. 가족이라는 것, 그리고 그 안에서 나누는 사랑의 가치는 얼마나 큰가.

내가 하는 모든 일의 중심에는 사람이 있다는 걸 다시금 생각하게 됐다. 누군가의 인생에서 중요한 순간에 함께할 수 있다는 것, 그리고 그 사람이 더 나은 선택을 할 수 있도록 도울 수 있다는 것. 이런 일들이 내가 변호사 일을 계속하는 이유인지도 모르겠다.

오늘도 어딘가에는 어려운 결정을 앞두고 고민하는 사람들이 있을 것이다. 그들에게도 조금이나마 도움을 줄 수 있다면 그것만으로도 충분히 의미 있는 일이라고 생각한다.

변호사로서 내가 할 수 있는 일은
사람들이 다시 일어설 수 있도록 도와주는 것이다.
그것이 법이 존재하는 이유이고,
내가 변호사가 된 이유이기도 하다.

4장

법 만지는 사람이
돼야 혀

엄마,
나 크면 뭐 할까?

　나는 법조인이 되고 싶었다. 아니, 법조인이 되어야 했다. 우리 마을에도 비로소 전기가 들어왔던 초등학교 4학년 때. 그해 어느 날 엄마와의 대화 이후 법조인이 되기로 했다. 어릴 때는 다들 그렇듯 나도 시간이 지나면서 꿈이 바뀌기도 했다. 한때는 과학자가 멋있게 보여 과학자가 되면 어떨까 생각을 했고, 때로는 화가가 될 거라고도 생각했지만 결국 법조인으로 돌아오고는 했다.
　전라북도 정읍군 옹동면. 법조인을 꿈꾼 내가 태어나고 자란 고향이다. 1970년대 내 고향은 지금과는 완전히 다른 세상이었다. 한 집 건너 한 집이 왕씨인, 개성 왕씨 집성

촌이었다. 우리 집도 왕씨였고, 옆집도 왕씨, 그 옆집도 왕씨였다. 몇 집 살지 않는 작은 마을이라 동네 어른들은 모두 친척뻘이었고, 아이들은 모두 사촌뻘이었다.

우리 집은 넉넉하지 않은 농가였다. 2남 2녀 중 셋째인 나에게는 오빠가 둘, 여동생이 하나 있었다. 부모님은 평생 논밭을 일터 삼아 흙을 만지며 살아오셨고 우리 남매들을 키우기 위해 새벽부터 밤늦게까지 농사일에 매달리셨다. 그때만 해도 우리 마을에는 전기가 들어오지 않았다. 해가 지면 호롱불을 켜고 살았고, 나는 그 깜빡거리는 불빛 아래에서 숙제를 했다. 우리 마을만 해도 버스를 타려면 신작로까지 제법 걸어야 했고, 전화는 물론이고 전기조차 없었다.

내가 다녔던 국민학교는 걸어서 한 시간 정도 걸리는 거리에 있었다. 매일 아침 일찍 일어나 들판 길을 따라 걸어서 등교했다. 비가 오는 날이면 진흙투성이가 되기 일쑤였고, 겨울이면 얼어붙은 길에서 미끄러지기도 했다. 시골이 그랬듯 교육 환경이 좋지 않았던 관계로 나는 국민학교에 입학할 때까지도 한글을 제대로 떼지 못한 상태였다. 1학년 때는 '가나다라'부터 배워야 했고, 2학년을 지나 3학년이 되기까지도 성적은 그저 그랬다. 돌아보면 그다지 공부에 재미를 느끼지 못했던 건 아닌가 싶다. 어쩌면 열심히 공부를 해야 할 이유가 없었던 것이 맞을지도 모르겠다.

* * *

언제였을까. 정확히 기억나지 않지만 볕이 참 좋았던 것만은 또렷한 4학년 어느 날. 방에서 엄마 옆에 누워 숙제를 하고 있는데 문득 궁금한 게 생겼다. 바느질을 하던 엄마에게 물었다.

"엄마, 나 크면 뭐 할까?"

엄마는 바느질하던 손을 멈추고 나를 돌아봤다.

"숙제하다 말고 그런 소리는 왜 하는디?"

"그냥 궁금해서 그랬제."

엄마는 시선을 옷감으로 돌리고는 다시 바늘을 바삐 움직였다.

"엄마?"

엄마는 바느질을 하며 무심한 듯 말했지만, 한 글자 한 글자 힘주어 말했다.

"판사나 검사. 변호사도 있고."

"그게 뭔데?"

"법 만지는 사람들 있잖냐. 나쁜 짓을 한 사람은 혼 좀 내주고 벌도 받게 하고, 억울한 일을 당한 사람은 도와주고 하는."

엄마의 설명은 단순했지만 뭔가 엄청 멋있게 들렸다.

나쁜 사람을 혼내주고 착한 사람을 도와준다니. 학교에서 배웠던 옛날이야기 속 주인공인 것만 같았다.

"그런 사람이 되려면 어떻게 해야 해?"

"공부를 징하게 열심히 혀야 될까 말까 하겠지. 징하게 어려운 시험 쳐서 떡하니 붙어야 할 수 있는 거 아니겠어."

"그 시험은 얼매나 어려운데?"

"우리 동네서는 아무도 못 붙는 시험이여."

나는 바느질을 하는 엄마를 보며 다짐을 했다. 그 어렵다는 시험에 보란 듯 붙어서 판사나 검사, 혹은 변호사가 되겠다고.

"응, 알았어. 그러면 나중에 나 커서 판사나 검사나 변호사 할게."

"하이고, 그래. 한번 해봐라. 근데 하던 숙제나 하고."

* * *

지금 생각하면 생활 수준이 그다지 좋지 않았던 농촌 마을에서 법조인이 되겠다는 건 무모한 꿈이었다. 더군다나 여자아이에게는 더욱 그랬다. 우리 동네 언니들을 보면 대부분 중학교만 졸업하고 바로 일을 시작했다. 운이 좋으면 실업계 야간 고등학교에 다닐 수 있는 정도였으니 여자아이가 법조인이 되겠다는 꿈을 꾼다는 건 더 말할 것도 없었다. 그런 환경에서 나는 호기롭게 법조인이 되겠다고 선언한 셈이었다.

어느 날 저녁, 엄마에게 물었다.

"엄마, 우리 동네서 여자 중에 대학 간 사람 있든가?"

"없제."

"글먼 나도 못 가는 거여?"

"전에 말했잖어. 못 갈 건 없제. 대신 공부를 징하게 열심히 혀야제."

"얼매나?"

"다른 사람들보다 몇 곱절은 더 혀야 될랑가 말랑가 안되겄냐."

그때 엄마의 목소리에는 단호함이 있었다. 일견 불가능해 보이는 일이지만, 못 할 건 또 없다는 듯한 어조였다.

"그런데 엄마는 왜 나한테 판사나 검사나 변호사처럼 법 만지는 사람이 되라고 해?"

"그게 사람들한테 제일 대접 받는 일이잖어. 사람들이 니한테 판사님, 검사님, 변호사님 하면 얼마나 좋겄냐. '사'자가 들어가는 직업이 얼매나 대접 받는지 모르제?"

"엄마도 그런 대접 받고 싶어?"

엄마는 흙 묻은 손을 앞섶에 닦으며 웃음을 지었다.

"엄마는 인자 다 늦었제. 너라도 그런 대접 받으면서 살아야제."

그 순간 나는 엄마의 마음을 조금이나마 이해할 수 있었다. 평생 흙만 만지며 살아온 엄마에게는 더 넓은 세상이 꿈이었을 것이다. 농사일로 굳어진 손으로는 만져볼 수 없는 세계, 그런 곳에서 사람들에게 대접받으며 사는 딸의 모습을 상상하고 있지는 않았을까. 엄마는 그 꿈을 나에게 주고 싶었던 거였다.

"그러면 나 진짜루 열심히 공부할게."

"그래, 혀봐라."

엄마는 별로 감격스러워하지도 않았다. 그냥 담담하게 고개만 끄덕였을 뿐이었다. 하지만 나는 그날부터 정말로 열심히 공부하기 시작했고 엄마의 꿈은 이제 나의 꿈이 되었다.

신기하게도 그때부터 매년 성적이 오르기 시작했다. 그 전까지는 그저 그런 성적이었는데, 엄마와의 대화 이후 공부에 재미를 붙이기 시작한 것이다. 목표가 생기니까 의욕도 생겼다. 한 시간씩 걸어가는 등굣길도 덜 힘들게 느껴졌다. 오히려 그 길을 걸으며 '나는 반드시 판사나 검사나 변호사가 될 거야'라고 되뇌이곤 했다.

* * *

    법 만지는 사람이 되겠다고 마음을 먹은 그해, 드디어 우리 마을에도 전기가 들어왔다. 처음으로 전구를 켰을 때의 감동을 나는 아직도 잊을 수 없다. 어둠을 밝히던 호롱불과는 차원이 다른 환한 빛이 집 안을 가득 채웠다. 스위치 하나만 누르면 밤이 낮처럼 밝아지는 게 신기했다.

    그때 나는 문득 깨달았다. 엄마와의 대화가 내 인생에 전기가 들어온 순간과 같았다는 걸. 막연하게 살아가던 내 삶에 분명한 목표라는 빛이 켜진 것이다. 호롱불처럼 흔들리던 내 마음에 전깃불처럼 확실한 꿈이 자리를 잡았다.

    지금 생각하면 참 단순했다. 호롱불 아래에서 내가 던진 질문에 대한 엄마와의 소박한 대화 한마디로 인생의 방향이 결정된 셈이니까. 하지만 그 단순함이 좋았다. 스위치 하나로 세상이 밝아질 수 있다는 걸 알게 된 그해, 복잡하게 고민할 것 없이 전깃불이 들어오듯 내게 뚜렷한 목표가 생긴 셈이다.

    처음으로 전깃불 아래에서 숙제를 하며 나는 다짐했다. 엄마가 원하는 그 어려운 시험에 꼭 붙어서 법 만지는 사람이 되겠다고. 오빠 둘도, 여동생도 그리고 우리 마을 사람들 모두가 깜짝 놀랄 만한 일을 해내겠다고.

매일 한 시간씩 걸어가야 했던 등굣길이 이제는 새로운 의미로 다가왔다. 그 길을 걸으며 나는 더 큰 세상을 꿈꾸기 시작했다. 한글도 제대로 떼지 못한 채 입학했던 내가, 그저 그런 성적이었던 내가 이제는 법 만지는 사람이 되겠다는 원대한 꿈을 품게 된 것이다.

물론 그 꿈을 이루기까지 지나야 하는 길이 얼마나 험난할지 그때는 미처 몰랐다. 우리 동네에서는 그 길을 먼저 경험한 사람이 없었으니, 아무도 해내지 못한 일이었으니까. 하지만 그게 오히려 더 도전적으로 느껴졌다.

그렇게 나는 새로운 꿈을 향해 첫걸음을 내디뎠다. 그 길이 아무리 멀고 험해도, 매일 한 시간씩 걸어가던 등굣길처럼 꾸준히 한 발 한 발 나아가면 언젠가는 목적지에 도달할 수 있을 거라고 믿었다.

꿈을 꾼 소녀,
길을 열다

"미양아, 이번에 본 고등학교 입학 학력고사 성적이 정말 잘 나왔더라."

중학교 3학년 담임 선생님이 성적표를 들고 흐뭇한 표정을 지으셨다. 평소에도 공부를 곧잘 했지만, 늘 1등을 차지하는 친구는 따로 있었다. 그런데 당시 학력고사 성적은 유난히 잘 나왔었다. 나도 살짝 놀랐지만, 이미 마음은 정해져 있었다. 종합고등학교 상과에 진학하는 것. 요즘으로 말하면 상업계 고등학교였다.

법조인이 되겠다는 꿈을 품고 열심히 공부한 결과 국민학교 고학년 이후로는 성적이 제법 잘 나왔다. 그렇게 한

동안은 법조인이 된 미래의 모습을 그리며 지냈다.

하지만 조금씩 철이 들고 세상 돌아가는 것을 이해하게 되면서 생각이 달라졌다. 법조인이 되겠다는 목표는 어쩌면 이룰 수 없는 희망사항에 불과한 것은 아닌지, 철 모르던 어릴 때 꿈은 아닐까 하는 생각을 했던 터였다. 그렇게 법조인이라는 건 내게 어울리지 않는다고, 지금 내가 해야 할 일은 하루라도 빨리 자리를 잡아 돈을 버는 것이라고 생각했다. 그러던 중 결국 현실적인 결정을 하게 되면서 이미 상과에 지원서를 넣게 된 것이다. 다행히 중학교 성적이 좋아 장학금도 보장받을 수 있었다.

그런데 며칠 후, 담임 선생님이 나를 부르셨다.

"미양아, 고등학교 교장 선생님께서 우리 학교로 연락을 주셨어."

"예? 무슨 연락이요?"

"미양이 너, 상과로 지원했잖아. 근데 그 교장 선생님께서 이 학생은 인문계로 바꾸는 게 좋겠다고 하시더라."

나를 좋게 보신 것은 감사한 일이었지만, 이미 진로를 결정한 상태에서 받은 제안이라 조금 혼란스러웠다.

"선생님, 근데 저희 집 형편으로는 좀⋯."

"미양이 네 성적이 좋아서 인문계에 가도 장학금은 보장받을 수 있어. 나도 생각해보니 네 성적으로 상과에 가는 건 좀 아깝긴 하더라. 빨리 취업하려는 이유도 충분히 이해하지만, 이왕 이렇게 된 거 한번 더 큰 그림을 그려보면 어떨까? 인문계 고등학교에 들어가서 대학까지 가면 평생 할 수 있는 일의 폭이 완전히 달라질 거 같은데."

내게 '대학'이라는 단어는 낯설었다. 우리 집에서 대학을 간 사람은 아무도 없었으니까. 하지만 선생님의 말씀을 듣고 있으니 가슴 한편에서 뭔가 꿈틀거리는 게 느껴졌다.

집에 돌아가서 부모님께 말씀드렸을 때, 어머니와 아버지는 별다른 말씀을 하지 않으셨다. 지금 돌아보면 말씀은 하지 않으셨지만, 더 좋은 기회가 생긴 것에 대해 나름 기뻐하고 계셨을 것 같다.

나는 결국 인문계 고등학교에 진학했고, 정말로 3년 내내 장학금을 받으며 공부할 수 있었다. 기숙사에서 친구들과 함께 지내고 공부하면서 세상은 내가 알던 것보다 얼마나 더 넓은지, 내가 열심히만 하면 잡을 수 있는 기회도 그만큼 많아진다는 것도 알게 되었다.

우리 마을에 전기가 처음 들어왔던 그해, 법조인이 되라는 엄마의 말을 듣고 법 만지는 사람이 되겠다고 다짐했던 그해에 엄마와 나누었던 대화를 다시 떠올렸다. 대학에 가는 것을 목표로 하게 된 만큼 다른 거 볼 것 없이 법대로 가야겠다고 다시 다짐했다.

* * *

    6.29 선언이 있었던 1987년, 나는 전북대학교 법학과에 입학했다. 87학번이 된 것이다. 그해는 정치적, 사회적으로 거대한 변혁의 시기였다. 신입생들의 웃음으로 가득 차야 할 캠퍼스는 매캐한 최루가스와 성난 학생들의 구호로 메워져 있었다. 나도 간간이 시위에 참여했지만, 앞장서서 동참하지는 못했다. 때문에 어린 나이에도 '내가 너무 비겁한 것 아닌가' 하고 자책하곤 했다. 하지만 어려운 환경을 극복하고 여러 사람들의 도움을 받아 어렵게 대학에 진학한 만큼 이루고자 하는 꿈을 위해 앞만 보고 달려야 한다는 압박이 컸던 것도 사실이다.

    평생 흙을 만지며 살아온 고향 부모님의 형편을 너무도 잘 알고 있었다. 그런 부모님을 힘들게 하지 않기 위해서는 장학금을 꼭 받아야만 했다. 잦은 휴강으로 강의 일정이 정상적으로 운영되기 힘든 환경이었지만, 학점 관리에는 각별히 신경을 썼다.

    다행히도 법학 공부는 내 적성에 잘 맞았다. 복잡한 법 조문을 읽고 해석하는 일이 재미있었고 판례를 분석하며 논리를 세워나가는 과정이 무척 흥미로웠다. 그렇게 4년 내내 장학금을 받으며 무사히 학부를 마칠 수 있었다.

마지막 학기를 무사히 마치고 대학을 졸업할 때가 되니 내심 후련했다. 더 이상 장학금을 못 받을까 마음을 졸이며 공부하지 않아도 되었으니까. 사법시험 준비에 들어갈 것을 생각하니 그 시간을 잘 견뎌낼 수 있을지 걱정이 되기는 했지만, 어떻게든 될 거라는 마음으로 일단 부딪혀보기로 했다.

"미양아, 너는 졸업 후에 뭐 할 거야?"

"나? 나는 사법시험을 준비하려고."

"뭐? 사법시험? 고시원 들어가서 하루 종일 공부하는 게 얼마나 힘든지 몰라서 그러는 거 아니지? 차라리 법원이나 검찰 공무원 같은 걸 준비하는 게 낫지 않아?"

주변의 많은 선배나 동기들은 졸업과 동시에 법원이나 검찰 공무원이 되거나 일반 회사에 취업하는 것을 선택했다. 하지만 나는 단 한 번도 일반 회사에 원서를 넣거나 공무원 시험에 응시한 적은 없다. 어릴 적 꿈꾸던 법조인이 되고자 굳게 마음을 먹었기 때문이다.

경제적인 문제나 현실적인 필요 같은 건 생각하지 않았다. 어디서부터 온 자신감인지는 모르겠다. 하다 보면 어떻게든 결국 풀릴 거라는 희망을 가지고 있었다. 그래서 결국에는 엄마와 약속한 법조인이 되고 싶었다. 마침 직장 생활을 하던 오빠가 생활비를 쪼개어 보태주었다. 그 덕분에

학원에도 다니면서 부족한 부분을 보충할 수 있었다. 그렇게 공부 말고 다른 것은 신경 쓰지 않고 최소한의 생활을 유지하며 집중할 수 있게 되었다.

"미양아, 힘들면 언제든지 말해. 내가 할 수 있는 데까지 도와줄 테니."

오빠의 그 한마디가 얼마나 고마웠는지 모른다.

여러모로 불리한 조건이었지만 곁눈을 팔지 않고 공부했다. 나보다 좀 더 나은 여건에서 준비하는 사람들도 종종 있었지만 그래도 괜찮았다. 법이라는 분야가 잘 맞았고 이것을 통해 하고 싶은 일, 되어야 하는 사람이 되기 위한 길을 가고 있다는 것만으로도 행복했으니까.

* * *

지금 돌이켜보면 인생의 중요한 순간마다 길을 열어주신 분들이 계셨다. 잊고 지냈던 엄마와의 약속을 다시 떠올리게 해주신 중학교 담임 선생님. 미처 생각하지 못했던 길을 열어주신 고등학교 교장 선생님. 그리고 묵묵히 뒷바라지를 해주었던 고마운 오빠까지. 이들 덕분에 나는 지금 여기까지 올 수 있었다.

긴 시간이 지났지만 지금도 스승의 날이 되면 은사님

들께 안부 인사를 드리고, 작은 화분 하나라도 보내드리며 다시금 감사 인사를 전한다. 내가 나이를 먹은 만큼 목소리와 외모에서 세월의 흔적이 늘어가는 선생님들을 뵐 때마다 내가 받은 은혜를 누군가에게 돌려주어야 한다는 생각을 하고는 한다.

"항상 행복할 준비가 되어 있다."라고 말하는 내게 가장 큰 행복은 바로 이런 인연들이 아닐까 싶다. 내가 경험했듯 한 사람의 따뜻한 관심과 격려가 다른 사람의 인생을 완전히 바꿀 수 있다. 그리고 그런 기회를 얻게 된 사람은 다시 누군가에게 그 기회를 전해줄 의무가 있다. 나는 오늘도 이 가르침을 마음에 새긴다.

3중 비주류,
그래서 뭐

만 6년. 대학 졸업 후 사법시험을 준비했던 시간이다. 길다면 길 수도 있고, 짧다면 짧을 수도 있는 시간이었다. 이 시간의 경험과 배움은 평생 법을 다루게 된 내 인생의 가장 소중한 밑거름이 되었다.

대학교를 졸업한 이듬해, 제대로 공부를 하고 처음으로 시험에 도전했다. 그 이전까지는 사법시험 1차와 군 법무관 임용 시험 1차가 같은 날 치러져 둘 중 하나만 선택해야 했다. 그런데 그해부터는 2주라는 간격이 주어져 두 시험에 모두 응시할 수 있었다.

그렇게 응시한 두 시험에서 사법시험은 아쉽게도 커트

라인에 걸쳐서 탈락을, 군 법무관 임용 시험은 합격이라는 소중한 결과를 얻었다. 1차 합격자 명단에서 내 이름을 발견한 순간 나도 모르게 소리를 질렀다.

그 1차 합격 경험이 나에게는 정말 큰 의미였다. 두 시험의 수준이 동일했기에 '아, 나도 해볼 수 있겠구나!' 하는 확신이 생겼으니까. 그 작은 성공의 경험이 몇 년 동안 이어진 인고의 시간을 버티게 하는 원동력이 되었다. 좀 더 열심히 노력하면 붙을 수 있겠다는 자신감이 생겼고, 공부하는 시간이 행복하기도 했다.

물론 쉽지만은 않았다. 어마어마한 공부량을 소화하며 시험 준비를 하다 보니 스트레스가 이만저만이 아니었다. 몸은 물론이고 마음도 지칠 대로 지쳐만 갔다.

"여기저기 안 아픈 데가 없네. 시험만 끝나면 병원부터 가야지."

그렇게 중얼거리며 책상 앞에 앉아 있곤 했다. 그런데 신기하게도 시험이 끝나고 나면 언제 그랬냐는 듯 멀쩡해지는 거였다. 사람의 몸이라는 게 참 신비롭다는 생각이 들었다.

IMF 위기로 온 나라가 혼란에 빠져 유난히 춥게 느껴졌던 1997년 12월 17일. 신림동 고시촌의 상원서점으로 향했다. 상원서점에는 사법시험 합격자 명단이 발표되면 그 옛날 방 붙듯 명단이 게시되고는 했다. 눈을 크게 뜨고 목록을 찬찬히 살펴보는데… '왕미양' 내 이름 석 자가 당당히 새겨져 있었다. 결혼을 한 그해에 드디어 제39회 사법시험에 최종 합격한 것이다. 남편과 함께 얼싸안고 기뻐했던 그 순간을 지금도 생생히 기억한다. 결혼과 합격, 두 가지 특별한 기쁜 일을 같은 해에 몰아서 경험하니 더욱 특별했다.

* * *

합격 후 사법연수원에서는 각종 동문들이 모인다. 고등학교 동문회, 대학교 동문회…. 그런데 나에게는 그런 화려한 동문회가 없었다. 오직 고향 향우회뿐이었다. 향우회 선배님들이 반겨주시는 모습을 보며 나는 든든함을 느꼈다. 그렇지만 솔직히 말하면, 법조계에 첫 발을 들이며 느꼈던 현실은 든든함만으로 이겨내기에는 결코 쉽지 않았다.

"전북대 나오셨구나."

"여자 변호사는 처음 뵙네요."

훗날 변호사로 활동을 시작할 초기에는 이런 말들 속에서 미묘한 시선을 느끼기도 했다. 전국의 여성 변호사를 모두 모아도 100명이 조금 넘었던 시절이니 이해 못 할 일도 아니긴 했다.

그리고 또 한 가지. 의뢰인 중에는 나의 나이를 궁금해

하는 분이 그렇게 많았다.

"변호사님, 실례지만… 나이가 어떻게 되세요?"

"이제 막 마흔이…."

"아, 그렇군요. 그럼 경험도 많으시겠네요."

당시 나는 서른 초반이었지만 그렇게 대답했다. 이런 답을 들은 의뢰인은 표정이 한결 편안해지고는 했다. 어이없기도 했지만, 이것은 엄연한 현실이었다.

법조계는 지금보다 훨씬 더 남성 중심의 영역이었다 보니 젊은 변호사, 특히 젊은 여성 변호사에 대한 신뢰도가 무척 낮았던 시절이다. 나이를 공개하지 않거나 실제보다 많게 말하는 것이 변호사로서 업무를 수행하는 데 도움이 되었기에 어쩔 수 없는 선택이었다.

지방인 전라도에서 나고 자란 데다, 전북대라는 지방대를 졸업했는데, 게다가 여성이기까지. 당시 법조계에서는 찾아보기 힘든, 이른바 '3중 비주류'가 바로 나였다. 이런 경험을 하며 생각했다. 여성이라는 것만으로도 비주류가 되는 법조계에서 또 다른 비주류 조건을 겹겹이 두르고 있는 나야말로 가려져 있는 사회적 약자를 먼저 볼 수 있고, 누구보다 그들의 마음을 잘 이해할 수 있지 않을까.

[4장] 법 만지는 사람이 돼야 혀

* * *

2000년, 드디어 변호사로서의 첫 발걸음을 내디뎠다. 신혼집과 가까워 출퇴근이 수월했던 성남이 나의 첫 무대였다. 성남에서의 활동 기간은 길지 않았지만, 그곳에서 정말 우연한 기회에 인생 방향에 영향을 줄 경험을 했다.

어느 날, 버스를 타고 지나가는데 창밖으로 '성남여성의전화'라는 간판이 눈에 들어왔다. 사법연수원에서 여성법학회 활동을 하며 관심을 갖고 있었던 그 여성의전화였다. 그랬기에 주변의 그 많은 간판 속에서도 또렷하게 보여 기억에 남았다. 얼마 후 그곳에 직접 찾아갔다.

"안녕하세요. 왕미양 변호사라고 합니다. 우연히 이곳을 보게 되어 찾아왔어요. 법률 상담 같은 것으로 도움을 드릴 수 있지 않을까 싶었습니다."

갑작스러운 내 제안에 직원분들이 깜짝 놀랐다.

"안녕하세요. 변호사님께서 직접 찾아오신 건 처음이에요."

당시만 해도 여성 관련 법률 상담을 하는 변호사가 많지 않았던 터라 그분들은 나를 무척 반겨주셨다.

"정말 감사합니다. 그렇지 않아도 피해를 입고도 법적 도움을 받지 못하는 분들이 많으세요. 저희가 애를 쓰고 있지만 역부족이다 보니 도움이 필요했어요. 이렇게 먼저 도와주신다고 나서주셔서 큰 힘이 됩니다."

당시 성남여성의전화에서 주로 다루던 이슈는 가정 폭력 사건이었다. 이 단체와 함께 본격적으로 활동을 하면서 보니 남편에게 폭행을 당하고도 하소연할 곳 없는 여성들이 많았다. 또한 이혼을 하고 싶어도 어떻게 해야 하는지, 누구에게 도움을 청해야 하는지도 모르는 여성들도 많았다.

"변호사님, 남편이 맨날 저를 때려요. 참고 또 참기만 했는데, 이제는 너무 힘들고 괴로워요…. 저, 어떻게 해야 할까요?"

"일단 병원부터 가보시는 게 좋겠습니다. 그리고 진단서를 꼭 받으시고요. 진단서까지 준비되면 경찰서에 가서서 가정 폭력으로 신고하세요."

처음에는 이런 상담들이 낯설었다. 법학 공부를 할 때는 추상적인 법조문만 외웠지 실제 고통 속에 있는 사람들의 이야기를 듣는 건 전혀 다른 차원의 일이었다.

다른 여성운동 단체를 통해서는 더 충격적인 현실을 마주하게 되었다. 성 착취로 고통받는 여성들을 만나게 된 것이다. 2000년대 초반, 당시 성남에는 집창촌이 존재했다. 그곳을 가보니 자신의 의지와는 무관하게 빠져나오지 못한 채 성 착취 노동을 강요받는 여성들이 있었다.

"변호사님, 저 이제는 이 일에서 벗어나고 싶어요. 근데 어디서부터 어떻게 해야 할지 전혀 모르겠어요. 저 좀 도와주시면 안 될까요…?"

스무 살도 안 된 것 같은 여성이 내게 말했다. 그의 눈에서는 지금까지 고통을 받으며 켜켜이 쌓인 절망과 나를 만나면서 발견한 한 줄기 희망이 동시에 서려 있었다.

"그래요, 어떻게 하면 좋을지 함께 고민해봐요. 걱정하지 말아요, 제가 도와줄게요. 일단, 안전하게 머물 수 있는 곳부터 찾아봅시다."

그렇게 여성들을 상담하고 구제하는 일을 하면서 시선 너머에 가려진 우리 사회의 어두운 모습을 직시하게 되었다. 그리고 깨달았다. 이것은 개인만의 문제가 아니라 우리 모두 함께 고민하고 합의해서 해결해야 할 문제라는 것을.

성 착취로 고통 속에 있던 그들은 우리 사회의 아픈 손가락과도 같았다. 우리는 이들을 어떻게 바라보아야 할까. 존재를 알고 있었지만 애써 외면하면서 시선 바깥에 두었던 그들도 우리 사회의 일원이다. 그렇다면 이들의 고통을 들어주고 품으면서 함께 고민하는 것이야말로 당연히 해야 할 일이라고 생각했다. 법조인으로서 나는 현실을 외면하지 않고 직시하면서 내가 할 수 있는 방법을 끊임없이 고민하고 실천하겠다고 다짐했다.

법을 다루는 사람은 억울한 일을 당한 사람을 도와준다던 그 옛날 엄마의 말처럼 내가 마땅히 가져야 할 사명감이 무엇인지 분명하게 자리를 잡는 순간이었다.

이러한 활동들이 계기가 되어 지역 내 여러 여성 단체들과 깊이 관계를 맺게 되었다. 우연한 기회로 시작된 활동은 훗날 내가 변호사로서의 활동 중에 중요한 축을 이루게 되었다.

"변호사님 덕분에 새 삶을 시작할 수 있었어요. 내게는 다른 길이 없을 거라 생각했는데…. 변호사님이 새로운 기회를 열어주셨어요. 정말 감사합니다."

상담과 법적 조력으로 새 삶을 살 기회를 얻게 된 그들은 진심으로 기뻐하며 고마워했다. 그런 말을 들을 때마다 나는 정말 행복했다. 동시에 무거운 책임감도 느꼈다. 그러면서 '아, 내가 변호사가 된 이유가 바로 이거구나!' 싶었다.

* * *

이렇게 글을 쓰며 법조인이 되기까지 나를 믿어준 사람들을 가만히 떠올려본다. 그 사람들은 내가 뛰어나고 잘났기 때문에 손길을 내민 것이 아니었다. 또한 먼 훗날 성공했을 때 갚을 것을 약속받은 것도 아니었다. 그들은 자신이 가진 것을 대가 없이 나누었다. 그런 모습을 보며 법조인으로서 내가 얻게 된 사회적 인정과 지위는 나 혼자 누려도 되는 것이 아니라고 생각했다. 이제는 내가 법이라는 도구를 활용해 사회적 역할을 충분히 감당해야 한다고 생각한다. 최소한 내가 받은 것만큼은 이 사회에 돌려줘야 하는 것이 옳지 않을까. 그렇다면 내가 해야 할 일은 아직 너무도 많이 남아 있다.

내가 경험했듯 한 사람의 따뜻한 관심과 격려가
다른 사람의 인생을 완전히 바꿀 수 있다.
그리고 그런 기회를 얻게 된 사람은
다시 누군가에게 그 기회를 전해줄 의무가 있다.

[에필로그]

그럼에도 불구하고 희망을 말하는 이유

 이 책을 쓰면서 자주 멈추곤 했다. 오래전 만났던 얼굴이 떠올라서, 한참 지나 잊은 줄 알았던 장면이 불쑥 그려지기도 했다. 책을 쓴다는 건 단지 기록을 남기는 일이 아니었다. 나 자신을 돌아보고, 마음속에 남아 있던 이야기를 하나씩 꺼내는 시간이기도 했다.

 나는 꽤 오랫동안 누군가의 인생이 가장 흔들리는 순간을 가까이서 지켜보았다. 그리고 그런 자리에 있을수록 더욱 조심스럽게 다가가야 한다는 것을 배웠다. 그 앞에서는 어떤 말보다 진심이 먼저 전해져야 하고, 법보다 사람이 먼저 보여야 한다는 것도 생각했다.

 변호사로서, 파산관재인으로서 일하면서 때로 어려움을 느낄 때마다 다시 중심을 잡게 해준 건 사람들이었다. 그들은 내게 진심을 보여주고, 감사 인사를 전하고, 힘든 순간에도 유쾌함을 잃지 않던 그들이 있었기에 이 자리에 있다.

그래서일까. 나는 누군가를 판단하기 전에 그가 어떤 시간을 지나왔는지 들으려 한다. 법을 다룬다는 것은 결국 사람을 이해하려는 마음에서 시작되어야 한다는 걸 이제는 확신한다.

이 책에 담긴 이야기들은 모두 이런 마음에서 시작된 시간들이었다. 내가 걸어온 길을 함께 채워준 수많은 사람들이 있었기에 이 모든 이야기가 가능했다.

앞으로도 나는 사람을 먼저 보고 그 사람을 통해 법을 이해하는 일을 계속할 것이다. 세상은 언제나 완벽하지 않지만, 그 안에는 여전히 단단한 마음들이 살아 있다. 작은 용기, 따뜻한 한마디, 다정한 눈빛 같은 것들이 여전히 우리를 다시 일어서게 만든다. 그리고 나 역시 그 마음들 덕분에 그럼에도 희망을 말하는 사람으로 남고 싶다.

마지막으로 이 책을 읽을 이들에게 이렇게 말하고 싶다.

"쓰러지고 무너져도 괜찮습니다. 얼마든지 다시 시작할 수 있습니다."

이 믿음을 품은 이들에게 이 책이 아주 작지만, 단단한 불씨가 되기를 간절히 바란다.

부록

살면서 한번쯤
법의 도움이 필요할 때

개인파산 및 면책과 개인회생

개인파산 및 면책 제도는 과도한 빚으로 인해 경제적으로 어려움에 처한 개인이 법의 도움을 받아 새로운 출발을 할 수 있도록 돕는 법적 구제 제도다. 이 제도는 크게 두 단계로 구성된다. 먼저 '파산'을 통해 채무자가 더 이상 빚을 갚을 능력이 없음을 법적으로 인정받고, 이어서 '면책'을 통해 남은 빚을 법적으로 소멸시키는 과정을 거치게 된다. 이 과정은 일반적으로 6개월에서 1년 정도 소요된다.

파산 및 면책 제도의 목적은 정직하고 성실한 채무자에게 경제적 재기의 기회를 제공하는 것이다. 이는 단순히 빚을 '탕감'해주는 것이 아니다. 법으로 정해진 엄격한 요건과 절차를 따라 진행되며, 신청자는 자신의 모든 재산을 투명하게 공개하고 법원의 심사를 받아야 한다. 또한 면책 결정 후에도 신용정보 등록, 재신청 제한 등의 불이익을 감수

해야 하므로 다른 해결 방법을 모두 검토한 후 최후의 수단으로 고려해야 할 제도이다.

개인파산면책은 다음과 같은 절차로 진행된다.

1. 먼저 자신이 파산 신청 요건에 해당하는지 확인해야 한다. 빚을 갚을 능력이 없는 상태(지급불능)여야 하며 필요한 서류(파산 신청서, 채권자 목록, 재산 목록, 가계 수지표, 소득 증명서, 재산 관련 서류, 채무 관련 서류 등)를 준비한다.
2. 주소지 관할 지방법원에 파산 신청서와 구비 서류를 제출한다. 이때 신청 수수료와 송달료를 납부한다.
3. 법원에서 제출된 서류를 검토하고 필요 시 본인을 불러 심문할 수 있다. 파산 요건을 충족하는지 판단하는 과정이다.
4. 법원이 파산 요건이 충족된다고 판단하면 파산 선고를 내린다. 이때부터 법적으로 파산자가 된다.
5. 재산이 있거나 복잡한 사안의 경우 파산관재인(보통 변호사)이 선임되어 재산을 관리하고 처분한다. 단순한 경우에는 동시폐지결정으로 이 과정이 생략된다.
6. 파산 선고와 동시에 또는 별도로 면책 신청을 한다. 면책은 남은 빚을 법적으로 없애주는 절차이다.
7. 법원에서 면책을 허가할지 심사한다. 면책불허가 사유(도박, 사치, 재산 은닉 등)가 있는지 확인한다.

8. 문제가 없다면 법원이 면책허가 결정을 내린다. 이로써 대부분의 빚이 법적으로 소멸된다. 면책 후 7년간 재신청이 불가하다.

개인파산 및 면책과 개인회생은 모두 과도한 빚에 시달리는 개인을 위한 법적 구제 제도이지만, 접근 방식과 결과에서 중요한 차이가 있다.

개인파산 및 면책은 '빚을 없애는' 제도이다. 채무자가 가진 재산을 처분하여 채권자들에게 배분하는 대신, 남은 빚은 법적으로 소멸시켜준다. 마치 경제적으로 백지 상태에서 다시 시작할 수 있게 하는 것이다. 하지만 이 과정에서 자유재산을 제외한 대부분의 재산을 잃게 되고, 신용정보에 5년간 등록되어 금융 거래가 어려워진다.

반면 개인회생은 '빚을 줄여서 나누어 갚는' 제도다. 법원이 채무자의 상황을 고려하여 빚을 일정 비율로 줄여주고 줄어든 빚을 3~5년에 걸쳐 분할 상환하도록 한다. 이 과정에서 채무자는 상환 계획만 성실히 이행한다면 자신의 재산을 그대로 유지할 수 있다.

개인파산 및 면책과 개인회생은 신청 요건에서 차이가 있다. 파산 및 면책은 '지급 불능' 상태, 즉 갚을 능력이 없어야 한다. 반면 개인회생은 '지급 불능의 우려'만 있어도 된다. 또한 개인회생은 정기적인 소득이 있어야 하고, 무담보 채무 10억 원, 담보채무 15억 원 이하라는 한도가 있다. 이 한도 이상일 경우 일반회생을 신청해야 한다.

재산 보호 측면에서는 개인회생이 유리하다. 파산 및 면책은 자유재산을 제외하고 모든 재산을 잃을 수 있지만, 개인회생은 집이나 자동차 등을 유지할 수 있기 때문이다. 특히 주택담보대출이 있는 경우 개인회생은 집을 지킬 수 있는 반면 개인파산 및 면책에서는 매각될 가능성이 높다.

사회적 영향도 고려해야 한다. 개인파산 및 면책은 '파산자'라는 법적 신분이 되어 일부 직업에 제한을 받고, 신용 회복에도 더 오랜 시간이 걸린다. 반면 개인회생은 상대적으로 사회적 제약이 적고, 성실히 상환하면 신용도 빨리 회복된다.

둘 모두 채무자의 경제적 재기를 돕는 소중한 제도이지만, 어떤 제도를 선택할지는 개인의 상황에 따라 달라진다. 정기 소득이 전혀 없고 재산도 거의 없다면 개인파산 및 면책이 적합하고, 일정한 소득이 있고 재산을 지키고 싶다면 개인회생이 유리하다. 이러한 각각의 장단점을 정확히 이해하고 자신의 상황에 맞는 선택을 하는 것이 중요하다. 특히 재산이 있거나 사업을 하던 경우, 가족이 연대보증인인 경우에는 더욱 신중한 판단이 필요하다. 그렇기에 현재 빚의 규모, 상환 의지, 가족 상황 등을 종합적으로 고려해 전문가와 상담 후 결정할 것을 권한다.

개인파산 및 면책과 개인회생 중 어떤 제도를 선택해야 하는지를 고민하기 전에 계획적인 재정 관리 습관과 역량을 기르는 것이 가장 중요할 것이다.

개인파산 및 면책 관련 무료 상담을 받을 수 있는 곳

서울금융복지상담센터 (1644-0120, sfwc.welfare.seoul.kr)

서울시청, 중랑, 성동, 송파, 영등포, 금천, 양천, 마포, 중앙 등 서울 시내 10개의 센터 운영 중.

대한법률구조공단 (국번 없이 132, www.klac.or.kr)

홈페이지 및 전화로 방문 상담 예약 후 서울 시내 각 지부에서 상담 가능.

신용회복위원회 (1600-5500)

서울중앙, 영등포, 동서울, 노원, 강남, 동부, 구로 등 8개 지부 및 센터 운영 중.

서울지방변호사회 개인파산회생지원변호사단 (02-6200-6229)

개인파산 및 면책 관련 용어 설명

파산 선고

법원이 "이 사람은 파산 상태입니다."라고 공식 선언하는 것이다. 이때부터 법적으로 파산자가 된다.

면책

남은 빚을 법적으로 없애주는 것을 말한다. 쉽게 말해 "이제 그 빚은 갚지 않아도 됩니다."라고 법원이 결정해주는 것이다. 단, 모든 빚이 없어지는 것은 아니며, 세금이나 양육비 등은 제외한다.

지급불능

현재 가진 재산과 앞으로 벌 수 있는 돈으로는 빚을 갚을 수 없는 상태를 의미한다. 예를 들어 월 소득이 200만 원인데 매월 갚아야 할 돈이 1000만 원인 경우가 지급불능의 경우이다.

파산재단

파산 선고 시 채권자들에게 나누어줄 수 있는 모든 재산으로 파산자가 가진 재산 중에서 처분해 빚을 갚는 데 쓸 수 있는 것들을 뜻한다. 부동산, 자동차, 예금, 주식 등이 해당한다.

면제재산

파산재단에 포함되어야 하지만 법원의 결정(신청 필요)으로 생계 보장 등을 위해 일정 범위 내에서 예외적으로 보유가 허락된 재산이다. 대표적으로 6개월분 생계비, 임차보증금의 일부 등이다.

동시폐지

파산 선고와 동시에 파산 절차를 끝내는 것이다. 팔아서 돈이 될 만한 재산이 거의 없는 경우가 해당한다.

파산관재인

파산자의 재산을 관리하기 위해 법원이 선임한 사람(일반적으로 변호사)을 말한다. 재산 조사, 처분, 채권자들에게 배당 등의 역할을 한다.

채권자집회

돈을 빌려준 채권자 등이 모여 파산 절차의 정보를 공유하고 채권자의 입장을 듣기 위한 중요한 절차적 기회이다. 다만 참석율이 높지 않고 실질적 의결이 이루어지기 힘들다.

편파변제

여러 채권자 중 특정인에게 먼저 갚는 것을 말한다. 다른 채권자에게 불공평한 상황이 되므로 면책불허가 사유가 될 수 있다.

배당

파산재단에서 마련된 돈을 채권자들에게 나누어주는 것을 뜻한다. 법에서 정한 우선순위에 따라 배당이 이루어진다.

Q&A로 알아보는 개인파산 및 면책

Q. 파산이 선고되면 바로 면책이 되나요?

A. 파산이 선고되면 파산자의 재산을 환가하여 배당하는 파산 절차와 별도로 면책허가 여부를 심사하는 면책 절차가 진행됩니다. 파산 절차를 마치면 대부분의 파산자는 면책허가 결정을 받지만, 사안에 따라 불허될 수도 있습니다.

Q. 코로나19로 사업이 망해서 빚이 생겼는데 파산 및 면책을 받을 수 있나요?

A. 네, 가능합니다. 코로나19 같은 불가항력적 상황으로 인한 사업 실패는 파산의 정당한 사유가 됩니다. 다만 정부 지원금을 받았다면 그 내역도 함께 신고해야 하고, 사업 실패 과정에서 재산을 부당하게 처분하지 않았다는 점을 입증해야 합니다.

Q. 투자 실패(주식, 코인 등)로 생긴 빚도 면책 가능한가요?

A. 단순한 투자 실패로 인한 빚은 면책 가능합니다. '과도한 낭비'나 '사행행위' 등 면책불허가 사유에 해당하는 경우는 어려울 수 있지만, 투자 과정에서 특별한 불법이나 의도적 고의성이 없다면 대부분은 면책허가 결정이 내려지고 있습니다.

Q. 사업자 대출과 개인 대출이 섞여 있어도 괜찮나요?

A. 네, 상관없습니다. 개인파산면책은 사업자 대출, 개인 대출, 신용카드 등 모든 종류의 빚을 포함합니다. 다만 사업 관련 빚이 많으면 사업 실패 과정을 상세히 설명해야 하고 사업 재산의 처분 과정도 투명하게 공개해야 합니다.

Q. 친구나 가족에게 빌린 돈도 면책되나요?

A. 네, 법적으로는 면책됩니다. 하지만 도덕적 부담은 남을 수 있습니다. 특히 면책 직전에 가족에게만 먼저 갚는 행위(편파변제)는 문제가 될 수 있으니 주의해야 합니다. 가족 간 금전거래는 차용증 등 증빙서류를 갖춰두는 것이 좋습니다.

Q. 보증을 많이 서서 생긴 빚도 면책 가능한가요?

A. 가능합니다. 보증채무도 일반 채무와 동일하게 면책 대상입니다. 다만 본인이 면책을 받아도 다른 연대보증인들의 책임은

그대로 남아 있으므로, 가족이나 지인이 연대보증인이라면 미리 상의하는 것이 좋습니다.

Q. 월급이 있어도 파산을 신청할 수 있나요?

A. 네, 가능합니다. 월급이 있더라도 빚을 갚기에 턱없이 부족하다면 지급불능 상태로 인정됩니다. 예를 들어 월급 200만 원인데 매월 갚아야 할 돈이 400만 원이라면 파산신청이 가능합니다. 법원에서는 현실적으로 상환 가능한지를 판단합니다.

Q. 전세보증금이 있으면 파산 신청이 어려운가요?

A. 전세보증금이 있더라도 파산 신청은 할 수 있습니다. 다만 보증금은 파산재단으로 포함돼 일부 또는 전부가 채권 변제금으로 사용될 수 있습니다. 주택임대차보호법에서 보장하는 거주 지역에 따른 최우선 변제 보증금은 법이 정한 일정 요건을 갖추면 파산재단으로 포함되지 않고 전부 보호받을 수도 있습니다.

Q. 퇴직금이나 퇴직연금도 뺏기나요?

A. 퇴직 후 생계 보장을 위한 퇴직연금은 파산재단에 포함되지 않지만, 퇴직 후 일시금으로 받게 될 퇴직금은 일부 파산재단에 포함될 수 있습니다. 이미 받은 퇴직금을 생활비로 쓴 것은 문제가 없지만, 의도적으로 미리 받아 숨기면 재산 은닉이 됩니다.

Q. 배우자 명의 재산도 조사하나요?

A. 원칙적으로 배우자 명의의 재산은 조사 대상이 아닙니다. 하지만 실질적으로 본인 것을 배우자 명의로 돌려놓은 것이 의심되면 조사받을 수 있습니다. 부부 합산 소득이나 생활비도 참고 자료로 검토됩니다.

Q. 만약 집이 경매 진행 중인 상태에서 파산을 신청하면 진행하던 경매 절차는 어떻게 되나요?

A. 원칙적으로는 경매 절차가 중단되고 파산관재인이 처분을 담당하게 됩니다. 하지만 파산관재인은 빠른 재산 처분을 위해 파산 신청과 무관하게 경매를 이어갈 수도 있습니다.

Q. 가족이 연대보증인인 경우 어떻게 해야 하나요?

A. 본인이 면책받아도 연대보증인의 책임은 그대로 남습니다. 따라서 가족과 충분히 상의한 후 결정해야 합니다. 가족도 함께 파산 신청을 하거나, 개인회생을 통해 분할 상환하는 방법도 고려해볼 수 있습니다.

Q. 파산 신청을 하면 직장에서도 알게 되나요?

A. 대부분 직장에 알려지지 않습니다. 하지만 회사에서 돈을 빌렸거나, 회사가 연대보증을 선 경우에는 채권자로 통지됩니다.

또한 파산관재인이나 법원에서 재직 증명서나 급여 내역을 요구할 수 있습니다.

Q. 자녀 학비나 양육비는 어떻게 되나요?

A. 양육비 채무는 면책되지 않으므로 계속 지급해야 합니다. 자녀 학비나 기본적인 교육비는 생활비에 포함되어 최저생계비에서 지출 가능하지만, 과도한 사교육비는 제한될 수 있습니다.

Q. 미성년 자녀 명의 재산도 조사받나요?

A. 자녀가 직접 벌었거나 증여받은 재산은 조사 대상이 아닙니다. 하지만 실질적으로 부모 재산을 미성년 자녀 명의로 돌려놓은 것이 의심되면 자녀 명의의 예금 입금 경로 등을 확인할 수 있습니다.

Q. 공무원도 파산 신청을 할 수 있나요?

A. 네, 가능합니다. 공무원이라고 해서 파산 신청이 제한되지는 않습니다. 다만 파산 선고 후 면책허가 결정 전까지는 일부 공직(예: 지방의회 의원) 취임이 제한될 수 있습니다. 면책허가 결정 후에는 모든 제한이 해제됩니다.

Q. 개인사업자인데 사업을 이어가면서 파산 신청이 가능한가요?

A. 불가능합니다. 파산 선고가 나면 사업은 중단되거나 파산관재인이 관리하게 됩니다. 사업을 계속 하고 싶다면 개인회생 신청이 적절합니다. 면책허가 후에는 새로운 사업을 시작할 수 있습니다.

Q. 면허나 자격증이 있는 직업인데 제한을 받나요?

A. 파산 선고 후 면책허가 전까지는 일부 직업에 제한이 있습니다. 보험설계사, 공인중개사, 여행업 등록자, 경비업자 등은 업무 제한을 받을 수 있습니다. 하지만 면책 결정과 동시에 모든 제한이 해제되므로 영구적인 제한은 아닙니다.

Q. 파산 신청 전에 신용카드를 더 쓸 수 있나요?

A. 권하지 않습니다. 파산 신청 직전에 의도적 신용카드 사용이나 현금서비스 이용은 면책불허가 사유가 될 수 있습니다. 필요한 생활비 정도만 사용하고 사치품 구입은 피해야 합니다.

Q. 휴대폰 할부금도 면책되나요?

A. 네, 면책됩니다. 하지만 휴대폰 자체는 반납해야 할 수도 있습니다. 면책 후 새로운 휴대폰 개통은 가능하지만, 할부보다는 일시불이나 중고폰 구매를 권합니다.

Q. 보험을 계속 유지할 수 있나요?

A. 해약 환급금이 있는 보험은 파산재단에 포함되어 해지될 수 있습니다. 하지만 생활에 꼭 필요한 최소한의 보험(예: 건강보험, 자동차보험)은 유지 가능합니다. 면책허가 후에는 새로운 보험 가입이 가능합니다.

Q. 급여 압류가 들어왔는데 파산 신청하면 중단되나요?

A. 파산 신청이 받아들여지면 모든 강제 집행이 중단됩니다. 급여 압류, 예금 압류, 부동산 압류 등이 모두 중단되고 파산관재인이 통일적으로 처리하게 됩니다.

Q. 다른 법원에 소송이 진행 중인데 상관없나요?

A. 파산 선고가 나면 본인에 대한 민사 소송은 중단됩니다. 이미 확정된 판결은 파산 채권으로 신고되어 배당에 참여하게 됩니다. 형사 사건은 별개로 진행됩니다.

Q. 면책허가 후에 숨겨둔 재산이 발견되면 어떻게 되나요?

A. 면책허가 결정이 취소될 수 있습니다. 면책허가 후에도 재산 은닉 사실이 발견되면 법원은 면책을 취소하고, 모든 빚이 부활합니다. 또한 사기죄로 처벌을 받을 수도 있으므로 절대로 재산을 숨겨서는 안 됩니다.

Q. 면책허가 후 바로 새로운 사업을 시작할 수 있나요?

A. 법적으로는 가능하지만 현실적으로는 어렵습니다. 신용정보에 5년간 등록되어 사업자 대출이나 리스 계약 등이 어렵습니다. 자기 자본으로 소규모 사업부터 시작하는 것이 현실적입니다.

Q. 면책허가 결정 후 7년이 되기 전에 또 빚이 생기면 어떻게 하나요?

A. 새로운 빚은 갚아야 하고, 7년 내에는 다시 파산 및 면책을 신청할 수 없습니다. 다만 조건이 맞으면 개인회생은 신청할 수 있습니다. 무엇보다 같은 실수를 반복하지 않도록 재정 관리 교육을 받는 것이 중요합니다.

두 번째 기회를 위한 변론

초판 1쇄 발행 2025년 8월 5일

지은이 왕미양
펴낸이 신현만
펴낸곳 (주)커리어케어 출판본부 SAYKOREA

출판본부장 박진희
편집 양재화 손성원 김선도
마케팅 허성권
디자인 studio forb

등록 2014년 1월 22일 (제2008-000060호)
주소 03385 서울시 성동구 성수일로 39-34 서울숲더스페이스 12F
전화 02-2286-3813
팩스 02-6008-3980
홈페이지 www.saykorea.co.kr
인스타그램 instagram.com/saykoreabooks
블로그 blog.naver.com/saykoreabooks

ⓒ (주)커리어케어 2025
ISBN 979-11-93239-31-5 03810

- 이 책은 저작권법에 따라 보호받는 저작물이므로 무단전재와 무단복제를 금합니다.
- 이 책 내용의 전부 또는 일부를 이용하려면 반드시 (주)커리어케어의 서면동의를 받아야 합니다.

※잘못된 책은 서점에서 바꾸어 드립니다.
※책값은 뒤표지에 있습니다.

S A Y KOREA는 (주)커리어케어의 출판브랜드입니다.